国学公开课系列

孔子公开课

刘亚玲 ◎ 编著

当代世界出版社
THE CONTEMPORARY WORLD PRESS

图书在版编目（CIP）数据

孔子公开课 / 刘亚玲编著 . —北京：当代世界出版社，2016.11
ISBN 978-7-5090-1143-0

Ⅰ. ①孔… Ⅱ. ①刘… Ⅲ. ①孔丘（前551—前479）—哲学思想—思想评论 Ⅳ. ①B222.25

中国版本图书馆 CIP 数据核字（2016）第266486号

书　　名：	孔子公开课
出版发行：	当代世界出版社
地　　址：	北京市复兴路4号（100860）
网　　址：	http://www.worldpress.org.cn
编务电话：	（010）83907332
发行电话：	（010）83908455
	（010）83908409
	（010）83908377
	（010）83908423（邮购）
	（010）83908410（传真）
经　　销：	新华书店
印　　刷：	北京晨旭印刷厂
开　　本：	710毫米×1000毫米　1/16
印　　张：	16.5
字　　数：	230千字
版　　次：	2017年3月第1版
印　　次：	2018年3月第2次
书　　号：	ISBN 978-7-5090-1143-0
定　　价：	39.80元

如发现印装质量问题，请与承印厂联系调换。
版权所有，翻印必究；未经许可，不得转载！

前言

当今社会,国学热正在逐渐升温,人们从古代经史典籍中,越来越深刻地体会到其所蕴含的丰富智慧和博大精神。在思想文化的众多创造者中,孔子作为我国古代圣贤的代表人物,自然而然地受到了人们加倍的重视。不仅是中国人,就连一些外国人也对孔子及其学说产生了强烈的敬慕之情,而且这种敬慕和热衷程度甚至超过了中国。

那么,孔子及其学说为什么能产生这么大的吸引力和影响力呢?他的魅力到底在哪里?他的学说与各时代人的生活又有着怎样的联系?面对这一系列问题,历代文人学者给出过许多不同的答案,可谓仁者见仁,智者见智。纵观古今的论述,有的堪称真知灼见但并不系统,有的系统完备却又缺乏可读性,有的可读性高却不乏误读之言。当然,也有精辟的解读,却往往忽略了与现代人的现实生活挂钩,让人难以产生亲近感。鉴于此,本书编者通过对孔子及其学说的深入研究,经过多方的考证与综合后,以《论语》中孔子的言论为根本架构,以现实生活为原料,为现代人归纳出了几道"大餐",并以对孔子的其人其书介绍为开篇,围绕孔子思想对现代人的积极作用进行了深入透彻的阐述。

本书涵盖面广,从各方面讨论了孔子及其学说对现代人的积极作用。

孔子几乎是一个妇孺皆知的人物,《论语》也为大家耳熟能详。但如果要问:多少人真正了解孔子?多少人真正读懂《论语》?那么答案恐怕就不那么多了。

《论语》究竟是一本什么样的书呢？这里我们不妨先引用三则名人的评语："影响人类文化的 100 本书之一""中国人的圣经""构建中华文明的阶梯的重要典籍"。事实上，在中国传统社会，《论语》是读书人的必攻经典，不把这本书读懂、读透，就不能深刻理解和把握中国 5000 年的传统文化。

由于历史和现实的差异性，我们对孔子的解读有必要用新的方式，有必要以现实生活为重心，重视其对现代人的教导意义。因此，本书对孔子言论的引用，完全着眼于为现代人服务，所以，有些解读可能重在大意，而非对文字的考据，这一点还希望广大读者朋友们能够体谅。

总的说来，本书以孔子及其《论语》为基本出发点，融会古今，多方位地阐释孔子学说和现代人的紧密联系，既不乏理论上的严谨性，又有着优美的文笔，是一部可读性极强的好书，相信对读者朋友来说益处甚大，故不可不读。

目录

第一章 两千年来知识分子的楷模——孔子和他的《论语》

《论语》是儒家的经典,有如西方人的《圣经》。自问世以来,便被古代的读书人视为必读的经典书籍,它在很大程度上影响了中国古代文明的发展方向和进程。

那么,这部《论语》的魅力何在?它的作者孔子是怎样的一个人?它的影响又体现在哪儿?让我们带着这些问题,穿越千年时光去寻找答案。

孔子其人其书 ·· (2)
《论语》中的"仁"和"礼" ································· (5)
孔子的教育思想 ·· (8)
孔子与世界同在 ·· (10)
赵普半部论语治天下 ··· (12)

第二章 内智外愚——孔子的做人绝学

做人是一门大学问,现在社会上教人做人的书籍有很多,然而,真正的做人之道,早在两千多年以前,就被孔老夫子总结得差不多了。

孔子被称为圣人，在后世几乎是受每个人尊敬和爱戴的，而这无疑也是做人的最高境界。

孔子的做人绝学可以用四个字概括，那就是内智外愚。

做人需要技巧，内智不妨外愚 …………………………………（16）
利而不露能自保 ……………………………………………………（18）
施展才能要看时机和环境 …………………………………………（23）
不要卖弄小聪明 ……………………………………………………（26）
做人诚信第一 ………………………………………………………（30）
做人要有气节 ………………………………………………………（33）
要知道自己能吃几两干饭 …………………………………………（36）
听而改之，能很好地保护自己 ……………………………………（39）
做人要知进退，进退由自己做主 …………………………………（43）
做人的原则不能丢 …………………………………………………（45）

第三章 一以贯之的忠恕之道——孔子在人际交往中的智慧

"夫子之道，忠恕而已矣。"用这样一句话虽然不能完全涵盖孔子的所有智慧，但它确实体现了人际交往的精髓，即使现在看来仍具很强的指导意义。解读、领悟并将其运用于实践，对于我们现代人建立良好的人际关系有着极其重要的作用。

识忠恕之道，才能懂得交往 ………………………………………（50）
君子当成人之美 ……………………………………………………（53）
识人有绝招 …………………………………………………………（55）
交往要保持一定的距离 ……………………………………………（57）
己所不欲，勿施于人 ………………………………………………（59）
雪中送炭，好过锦上添花 …………………………………………（63）
有美德才会有朋友 …………………………………………………（65）

信任是可以融化万物的阳光 …………………………………（69）
不念旧恶，不记旧仇 ………………………………………（72）
近朱者赤 ……………………………………………………（74）

第四章　成大事也有捷径——孔子做学问与做事的诀窍

做事有无诀窍？成事有无捷径？

这是很多人都很感兴趣的问题。对此，孔夫子给出的答案是：有。

但是孔子所谓的"有"并不是一步登天，并不是一夜暴富。他所说的"有"只是我们要知道做事、成事的关键点，懂了这些，就是走了捷径，就掌握了诀窍。

要在行动上见功夫 …………………………………………（78）
三思而后行不见得对 ………………………………………（80）
切莫画地为牢、故步自封 …………………………………（82）
有耕耘才会有收获 …………………………………………（84）
具备博而专的才能 …………………………………………（86）
磨刀不误砍柴工 ……………………………………………（88）
过而能改、善莫大焉 ………………………………………（90）
做事，抓住时机最重要 ……………………………………（92）
患得患失，取舍皆失 ………………………………………（95）
拒绝抱怨 ……………………………………………………（97）
做大事者，以"勤"经营天下 ……………………………（99）

第五章　练就火眼金睛——孔子如何看待小人

关于小人，孔子谈论得非常之多。诸如"小人喻于利""小人长戚戚""小人之过也必文"，等等。据学者统计，《论语》一书中前后有二十四处对小人劣德劣行的告诫和批评。由此可见，对待小人连圣人都非常烦恼。

小人之五骨，刀枪不入，软硬不侵，小小的皮囊，不仅耐磨耐压，而且抗高温，不生锈，狂风吹不倒，洪水淹不没，严寒冻不死，甚至有时连正义也治不了他们，所以对待小人我们还是远离为妙。关于这一点，孔圣人还是给我们总结出了不少可以借鉴的经验。

巧言令色——伪君子的形象 ……………………………（106）

君子重的是义，小人重的是利 ……………………………（108）

见义不为者，非君子也 ……………………………………（110）

德行比才能更重要 …………………………………………（113）

真金要靠火炼，关键时刻可识人 …………………………（116）

道不同，不相为谋 …………………………………………（118）

小人是地雷，踩上会爆炸 …………………………………（121）

和小人保持距离 ……………………………………………（124）

第六章 中庸之道，过犹不及
——孔子的思想与现代人追求成功的心态

中庸是孔子立身行事的最高标准，也是《论语》一书的主要思想。在《雍也》篇中，孔子说道："中庸之为德也，其至矣乎！"将中庸推崇为至高无上之德。

对于现代人来说，生存的竞争愈来愈激烈，成功对于每个人都变得"异常困难"。这时，我们显然需要一种正确的心态来支持我们追求成功、面对成功。而孔子的中庸之道在这一方面对我们具有指导意义。

高尚的道德修养是成功的基础 ………………………………（128）

态度决定一切 ………………………………………………（130）

不要有贪欲 …………………………………………………（132）
勇于探索，为了理想奋斗不息 …………………………（135）
成功离不开坚持 …………………………………………（137）
成功时得意可以，但切莫傲而忘形 ……………………（140）
成功在于勇敢争取 ………………………………………（142）
欲速则不达 ………………………………………………（144）

第七章 口才决定成败——孔子关于说与不说的学问

"一言可以兴邦，一言可以丧邦"，孔子这句话用到我们每个人自身的成功上，能十分形象地说明细节的重要性。

现在不是流行"细节决定成败"吗，而说话就正是一个很重要的细节，有时甚至还是主体。一句话有时就可能影响你的成败，这一点我们不得不察！

好的口才可以避免祸端 …………………………………（148）
不必强争，以德服人 ……………………………………（152）
说话要有技巧 ……………………………………………（154）
不该说的千万别乱说 ……………………………………（160）
词能达意即可 ……………………………………………（162）
不能口无遮拦，胡乱说话 ………………………………（164）
说话不要太直接，曲径可通幽 …………………………（167）

第八章 开开心心地生活——孔子的思想与现代人生活的态度

现代人的生活，整日忙忙碌碌，很多人都是在为别人而忙，很多人过的不是自己想要的生活。说到这一点有人或许会问：谁不想过自己想要的生活，但办得到吗？

办不到吗？看看人家孔夫子："子之燕居，申申如也，夭夭如也。"孔子活得多么自在，虽然他也很忙。所以说，忙不是问题，关键是不能因为忙而忘了开心地生活。

开心常伴，自在生活 ……………………………………………… （172）
管好自己的生命时间 ……………………………………………… （175）
富贵如浮云，美名传千世 ………………………………………… （178）
君子爱财，取之有道 ……………………………………………… （180）
生活优越时更须宁俭勿奢 ………………………………………… （182）
珍惜生命，热爱生活 ……………………………………………… （184）
弃权力如敝屣 ……………………………………………………… （188）
能知足，方能常乐 ………………………………………………… （190）
有一种选择叫放弃 ………………………………………………… （192）
人无远虑，必有近忧 ……………………………………………… （194）
百善孝为先 ………………………………………………………… （198）
形成良好的家风 …………………………………………………… （200）
建立一个温馨和谐的家庭 ………………………………………… （203）

第九章　以德服人，以礼待人
——孔子做官的学问与现代企业管理

孔子一生仕途不是很如意，那么这是不是表示孔子不懂当官的学问呢？显然不是。孔子之所以仕途不畅主要是由于他的政治观点得不到认同，并不是因为他不懂得为官之道。相反，孔子深谙其道，孔子在《论语》中对如何做官的学问也阐释颇多，这些做官的学问在现代人看来应该更有启迪意义。

能打江山，更要能坐江山 ………………………………………… （206）
敢于纳谏，兼听则明 ……………………………………………… （209）
危机之时要沉得住气 ……………………………………………… （212）
以德服人，天下归顺 ……………………………………………… （214）
"撕掉"一纸文凭，让有能力者居上 ……………………………… （216）
勇于承担责任 ……………………………………………………… （218）

和谐是一种境界 ……………………………………………（220）
适度宽容你的下属 ……………………………………………（222）
与属下患难与共，同甘共苦 …………………………………（225）
尊五美，摒四恶 ………………………………………………（227）

第十章　读书要掌握方法——孔子的教育思想与学习的法门

　　学海无涯苦作舟。难道学习就只有与苦做伴，才能学有所成？

　　对于这一点，大教育家、最勤也是最善于学习的孔子显然是不大认同的。否则，他就不会在《论语》中苦口婆心地大量阐述学习的方法了，直接说个"苦学"不就完了吗？

　　孔子的教育思想是提倡"乐之者"的，他建议人们把学习当成爱好，深入其中，并为此提出了许多方法，通过学习这些方法，我们或许就能摆脱人为的"苦海"。

温故而知新，可以为师矣 ………………………………………（232）
勤于思考，学而不思则罔 ………………………………………（235）
不知为不知，敢于说不知道 ……………………………………（237）
业精于勤 …………………………………………………………（240）
兴趣是最好的老师 ………………………………………………（242）
三人行，必有我师 ………………………………………………（246）
学以致用，将知识运用于实践 …………………………………（248）

第一章　两千年来知识分子的楷模
——孔子和他的《论语》

《论语》是儒家的经典,有如西方人的《圣经》。自问世以来,便被古代的读书人视为必读的经典书籍,它在很大程度上影响了中国古代文明的发展方向和进程。

那么,这部《论语》的魅力何在?它的作者孔子是怎样的一个人?它的影响又体现在哪儿?让我们带着这些问题,穿越千年时光去寻找答案。

孔子其人其书

孔子（公元前551—前479年），名丘，字仲尼，鲁国陬邑（今山东曲阜）人。先世为宋国贵族，后因避乱迁居鲁国。孔子幼年丧父，家道中落，自言"吾少也贱，故多能鄙事"（《子罕》）。而立之年开始授徒讲学，打破"学在官府"的传统。鲁昭公二十六年（公元前516年），鲁国内乱，孔子离鲁至齐，不为景公所用，不久即归。晋定公时期，曾为司寇。后去鲁，周游卫、陈、宋、蔡、楚等国，宣扬自己的主张，终不见用。晚年归鲁，从事著述和讲学，整理《诗》《书》等古代典籍，并根据鲁史删修《春秋》。相传孔子有弟子3000人，著名的有70余人。

在中国5000年的文明史中，对华夏民族的性格、气质产生最大影响的人，可谓是孔子了。孔子是一个教育家、思想家，也可算半个政治家，但他首先是一个品德高尚的知识分子。他正直、乐观向上、积极进取，一生都在追求真、善、美，一生都在追求理想的社会。他的成功与失败，无不与他的品格有关。他品格中的优点，几千年来一直影响着中国人，特别是影响着中国的知识分子。

1. 发愤忘食，乐以忘忧

孔子63岁时，曾这样形容自己："发愤忘食，乐以忘忧，不知老之将至。"当时孔子已带领众弟子周游列国近十个年头，历尽艰辛，不仅未得到诸侯的任用，还险些丧命，但孔子并未就此灰心丧气，仍然乐观向上，坚持自己的理想，甚至是明知其不可为而为之。

2. 安贫乐道，视富贵如浮云

孔子说过这样的话："不义而富且贵，于我如浮云。"在孔子心目中，行义是人生的最高价值，在贫富与道义发生冲突时，他宁可受穷也不会放弃道义。当然，我们不能单纯地把孔子的安贫乐道看作是不求富贵，只求维护道义，这并不符合历史事实。因为孔子也曾说过："富与贵，人之所欲也；不以其道，得之不处也。贫与贱，人之所恶也；不以其道，得之不去也。""富而可求也，虽执鞭之士，吾亦为之。如不可求，从吾所好。"

3. 学而不厌，诲人不倦

孔子以谦虚好学闻名，对于各种知识都曾表现出浓厚的兴趣，他多才多艺，知识渊博，在当时是出了名的，几乎被当成无所不知的圣人。但孔子自己却不这样看，孔子说："圣则吾不能，我学不厌，而教不倦也。"孔子学无常师，谁有知识，谁那里有他所不知道的东西，他就拜谁为师，因此说"三人行，必有我师焉"。

4. 率性而为，直道而行

孔子生性正直，又主张直道而行，他曾说："吾之于人也，谁毁谁誉？如有所誉者，其有所试矣。斯民也，三代之所以直道而行也。"《史记》载孔子30多岁时曾问礼于老子，临别时老子赠言说："聪明深察而近于死者，好议人者也。博辩广大危其身者，发人之恶者也。为人子者毋以有己，为人臣者毋以有己。"这是老子对孔子善意的提醒，也指出了孔子的一些毛病，就是看问题太深刻，讲话太尖锐，伤害了一些有地位的人，会给自己带来很大的危险。

5. 与人为善，以仁待人

孔子创立了以"仁"为核心的儒家学说，他自己本身也是一个非常善良的人，富有同情心，乐于助人，待人真诚、宽厚。"己所不欲，勿施于人"，"君子成人之美，不成人之恶"，"躬自厚而薄责于人"，等等，都是他的做人准则。子曰："吾十有五而志于学，三十而立，四十而不惑，五十而知天命，六十而耳顺，七十而从心所欲，不逾矩。"这是孔子对自己一生各阶段的总结。

孔子的思想主要汇集在《论语》中，《论语》是儒家最重要的经典著作之一，由孔子的弟子和后学根据孔子的言行记录整理而成，约成书于战国初期。关于此书最初的编者，学术界向来有争议，难以定论，但基本集中在冉雍、卜商、言偃、曾参等数人之内。作为儒家思想的脉源,作为两千年来士人必读的文化典籍和初学教育的启蒙读物,《论语》在中国古代思想文化领域具有不可动摇的地位,对中国文化的各个层面乃至域外文化都有着深远的影响。

《论语》中的"仁"和"礼"

《论语》一书以语录体写成,文字简约,内容广泛,蕴含了孔子丰富而深刻的思想,概括起来主要有"仁"和"礼"两个方面。

1. 仁

"仁"是中国哲学史上最重要的范畴之一,也是孔子思想的核心。

《论语》中的"仁"字,因立论角度而各有不同,其内涵也颇为丰富。关于"仁"的基本含义和具体内容,孔子针对不同的对象,进行了多个层面的阐述,择其要者如下:

其一,他在答复颜渊问仁时说:"克己复礼为仁。一日克己复礼,天下归仁焉。"(《论语·颜渊》)认为约束自身,使自己符合礼的原则,就是仁。颜渊问克己复礼的内容,孔子说:"非礼勿视,非礼勿听,非礼勿言,非礼勿动。"(《论语·颜渊》)认为要达到仁的境界,就要在视、听、言、动各方面都符合礼的要求。

其二,"樊迟问仁。子曰:'爱人'。"(《论语·颜渊》)提出"仁者爱人"的基本精神,认为"仁者莫大于爱人"。

其三,孔子对子贡说:"夫仁者,己欲立而立人,己欲达而达人,能近取譬,可谓仁之方也已。"(《论语·雍也》)又说:"己所不欲,勿施于人。"(《论语·卫灵公》)认为仁就是推己及人的忠恕之道,指出仁者的标准和行仁的方法。所以他的学生曾子概括说:"夫子之道,忠恕而已矣。"(《论语·里仁》)

其四,"孝弟也者,其为仁之本与。"(《论语·学而》)认为孝悌是仁的基础和做人的根本。

其五，孔子把"仁"视为人生价值中的最高原则，把求"仁"看作是一个思想修养和道德修养问题，他说："为仁由己，而由人乎哉。"（《论语·颜渊》）"仁远乎哉？我欲仁，斯仁至矣。"（《论语·述而》）认为求仁不在外求，全靠个人自觉，只要净化我心，循礼而行，就可崇德、修慝、辨惑，达于仁的境界。

孔子根据"仁"提出了为政以德的仁政学说。他说："为政以德，譬如北辰居其所而众星共之。"（《论语·为政》）指出以教化和道德感化来治国的重要性。又说："民之于仁也，甚于水火。水火，吾见蹈而死者矣，未见蹈仁而死者也。"（《论语·卫灵公》）形象地说明了民众对仁政的迫切需要。孔子主张实行惠民政策，"节用而爱人，使民以时"（《论语·学而》），为政者要重视的是"民、食、丧、祭"（《论语·尧曰》）；同时还要宽刑罚而重教化，对民要"道之以德，齐之以礼"（《论语·为政》），反对"道之以政，齐之以刑"《论语·为政》。孔子还提出"举贤才"的主张，"举直错诸枉，则民服；举枉错诸直，则民不服"（《论语·为政》），认为任用贤能才能得民心。而为政者则要首先端正自己，"其身正，不令而行；其身不正，虽令不从"（《论语·子路》）。

2. 礼

"礼"是孔子思想中的另一个重要范畴。"礼"原为夏、商、周三代的典章制度，内容涉及礼节仪式、政治制度和道德规范等。孔子认为周礼因革于夏商，最为完备，是古代礼的最完美阶段。他说："殷因于夏礼，所损益，可知也；周因于殷礼，所损益，可知也。其或继周者，虽百世，可知也。"（《论语·为政》）并赞叹说："周监于二代，郁郁乎文哉！吾从周。"（《论语·八佾》）

孔子于礼崩乐坏、动荡不安的社会中，把文明社会的制度理想和伦理道德的规范理想寄寓"礼"中，因此他所提出的"礼"并不是简单的复古，而是以此来阐发自己的思想。他认为国家必须施行礼治，社会和个体都必须以礼为纲常，强调"立于礼"（《论语·泰伯》）、"礼以行之"（《论语·卫灵公》）、"约之以礼"（《论语·雍也》）、"齐之以礼"（《论语·为政》）、"为国以礼"（《论语·先进》），主张建立"君君，臣臣，父父，子子"(《论语·颜渊》)的社会伦理秩序,推崇"圣人""仁人"的理想人格,认为要在社会制度和日常生活的各个方面都体现出"礼"的规范。在"礼"的内涵与外延的关系问题上,孔子主张宁从质不从文,说"礼,与其奢也,宁俭;丧,与其易也,宁戚"(《论语·八佾》),并对子夏"礼后乎"(《论语·八佾》)的理解予以赞赏,认为礼的仁义之质在先,其内涵比表象更重要。孔子在"礼"的变革上认为要坚持原则和大节,对有违原则的诸般行为给予了严厉的批评,极言"是可忍也,孰不可忍也"(《论语·八佾》),同时又认为在无关宏旨的小事上可以顺时从俗,所以他说:"麻冕,礼也。今也纯,俭,吾从众。拜下,礼也。今拜乎上,泰也。虽违众,吾从下。"(《论语·子罕》)程颐对此解释说:"君子处世,事之无害于义者,从俗可也,害于义,则不可从也。"

针对春秋时期礼崩乐坏、名分混乱的社会现实,孔子又提出了"正名"的治乱原则,认为"名失则愆"(《左传·哀公十六年》),社会的混乱因于名实之乱,要用周礼之"名"来纠正混乱之"实"。因此孔子说:"名不正,则言不顺;言不顺,则事不成;事不成,则礼乐不兴;礼乐不兴,则刑罚不中;刑罚不中,则民无所措手足。"(《论语·子路》)并在齐景公问政时提出了"君君,臣臣,父父,子子"的正名原则,主张名实相符,循名责实。从逻辑思想的角度来看,孔子对名言关系和名实关系的认识,可以视为中国古代逻辑思想的启蒙。

在仁与礼的关系上,孔子说:"克己复礼为仁。"又说:"人而不仁,如礼何?"(《论语·八佾》),认为返于礼中便是仁,仁又是礼的根本,礼是仁的精神具体化和外在化,是贯彻仁的具体措施和目的。

孔子的教育思想

孔子是人类历史上最伟大的教育家，一生中花费大半时间从事传道、授业、解惑的教育事业。他最早设立"私学"，主张"有教无类"，因材施教。相传收弟子三千，著名的有七十二人。他提出了一系列有深远影响的教育思想，树立了良好的师德典范。

孔子十分强调学习的重要性。他说："我非生而知之者，好古，敏以求之者也。"（《论语·述而》）言称自己不是生而知之，而是学而知之的。又说："好仁不好学，其蔽也愚；好知不好学，其蔽也荡；好信不好学，其蔽也贼；好直不好学，其蔽也绞；好勇不好学，其蔽也乱；好刚不好学，其蔽也狂。"（《论语·阳货》）认为如果不能好学深思，仁、智、信、直、勇、刚等品质就会流于"六蔽"，告诫子路学习的重要性。孔子一生更是好学不倦，自言："十室之邑，必有忠信如丘者焉，不如丘之好学也。"（《论语·公冶长》）

孔子强调"多闻、多见"，他说："盖有不知而作之者，我无是也。多闻，择其善者而从之；多见而识之；知之次也。"（《论语·述而》）多学而知，还要注意思考，否则"学而不思则罔，思而不学则殆"（《论语·为政》）。孔子强调说："子绝四，毋意，毋必，毋固，毋我。"（《论语·子罕》）主张行事不凭主观臆测，不墨守成规，不片面武断，不自以为是。这些道德修养的方法也包含了认识论的意义。

孔子在教育上坚持"诲人不倦"（《论语·述而》），主张"有教无类"（《论语·卫灵公》），他兴办私学，使得教育的范围突破了"学在官府"的限制。

孔子的教育内容主要有四方面，"子以四教：文、行、忠、信"（《论语·述而》）。其中道德品质教育是首要的，其次才是学习文化知识，治学要首先立人，所以他要求学生"弟子入则孝，出则弟，谨而信，泛爱众而亲仁，行有余力，则以学文"（《论语·学而》），并教导学生修业进德要"志于道，据于德，依于仁，游于艺"（《论语·述而》）。

孔子的教育方法对后世影响极为深远。他教导学生要端正学习态度，"知之为知之，不知为不知，是知也"（《论语·为政》），并提倡"敏而好学，不耻下问"（《论语·公冶长》）的精神，指出学习的规律，重视温习的作用，主张"学而时习之"（《论语·学而》）、"温故而知新"（《论语·为政》）。在教育中注重启发的作用，主张"不愤不启，不悱不发。举一隅不以三隅反，则不复也"（《论语·述而》）。根据不同的对象而因材施教，并在"学"和"思"的关系上主张"学而不思则罔，思而不学则殆"，反对只思不学和学而不思。这些思想即使现在看来，仍有着非凡的教育意义。

孔子与世界同在

孔子的学说很早就传入了日本、朝鲜、韩国、新加坡以及马来西亚等国家，并产生了非常大的影响。如今，在韩国，对孔子的热衷甚至已超过了中国本土。

根据英国著名学者李约瑟的记载，儒家思想在公元2世纪即已传到欧洲。虽然欧洲人当时并没有看到真正的儒家著述，但西汉的张骞出使西域时所表现出的不畏艰险、永不放弃、效忠国家的精神，令欧洲人震撼和敬佩，他们从张骞身上看到了一个民族的文化教化力和穿透力。后来，欧洲人马可波罗游历中国，他被眼前富庶文明的国度深深吸引，开始在中国一边经商，一边游历名山大川，并写了《马可波罗游记》，介绍这个被孔子思想浸润的富裕国家，让整个欧洲为之疯狂。

孔子思想对18、19世纪的法国影响尤为巨大。法国哲学家从孔子思想中悟到：征服者可以毁坏有形的物质，但毁坏不了无形的道德。法国作家伏尔泰对中国文化推崇备至，在读了《赵氏孤儿》后，将它改为"五幕孔子伦理观"，并说，假如世人都能像孔子那样仁义，就不会发生战争了。他还把孔子的塑像放在自己的书房里，朝夕膜拜。同样，在法国大革命时期的《人权宣言》中就曾写道："自由是属于所有人的，做一切不损害他人权利之事，其原则为自然，其规则为正义，其保障为法律，其道德界限则在下述格言中——己所不欲，勿施于人。"今天，旅居法国的华侨华人依然遵循着祖宗的教诲，在待人处世中恪守这一规则。

在近代史上，山东一度是德国的殖民地，德国人卫礼贤跟随军队到中国学习儒家文化。学成回国后，担任法兰克福大学教授。在教授学生时，他的这样一句名言传遍了整个德国:"所谓经济学说、社会学说,皆不如孔教。西国只知爱国,国之下缺家,国之上缺天下,非孔教无以弥补之。西国一哲学家兴,即推倒前之学说而代之,中国则以孔教通贯数千年。"在他看来,孔子思想比西方哲学思想好很多,所以能统治中国几千年。

1772年,英国出版了世界历史名人录,孔子列榜首。从此,英国人在各地建起了许多孔子研究机构,对孔子思想进行深入研究。英国传教士庄士敦还做起了清朝皇帝的洋文"太傅",他在教授末代皇帝溥仪时悟出了儒家思想的价值。他说:"四书五经之于中国,犹如希腊拉丁文之于英国的教育,须臾不可离。"后来,在《新大不列颠百科全书》中,有关"孔子"的词条多达400余则。

美国人对儒家学说的认识比欧洲各国要晚一些,大约是从19世纪开始的。美国传教士来到中国后,先读儒学著述,后办教会学校。在两种思想结合过程中,儒家思想不胫而走,传到了美国。1844年,美国学者爱默生说:"孔子是中华文化教育的中心,是哲学上的华盛顿。"这句话点燃了美国人对孔子的热望,从此,美国各地相继成立了各种形式的研究机构,开始致力于孔子思想与东方哲学的挖掘。1974年,美国成立孔子文教基金会,其成员皆为各国政要,开始推动世界尊孔运动。后来,他们还在各国成立孔子学院、孔子博物馆等,对孔子思想进行世界范围的"布道"。在美国的华人、华侨也继承了中华民族的优良传统,他们吃苦耐劳、聪明能干、勇于创造,科技人才辈出,出现了许多名人巨匠。华人、华侨的卓越表现,又反过来印证了孔子儒家思想的教育价值,使孔子思想愈发魅力四射,大放异彩。

今天,在美国旧金山公园里人流最多的地方,伫立着一尊孔子雕像,他面容和善,智慧满腹,备受尊崇。如今,西方物质文明日益发达,人们遇到了许多解不开的现代难题,大家期盼着从这位和善的老者思想中找到答案。当代新儒学代表、美国哈佛大学教授杜维明说:"对西方文明提出的诸多课题,孔子思想是应该有回应的。从这个意义上说,孔子已经不仅是中国的了,他是世界的。"

赵普半部论语治天下

《论语》大约在战国初期完成，汉朝董仲舒"罢黜百家，独尊儒术"时，《论语》也随之被称为传，宋朝后更是被列为读书人必读的经。在儒家学说成为封建地主阶级的正统学说之后，《论语》就成为儒家学说的首要经典。到南宋时，理学家朱熹把《论语》《孟子》《大学》《中庸》合在一起，称为"四书"。明清两朝的科举考试中，规定八股文的题目都要从四书中选取，而且要求考生必须"代圣人立言"。因此，当时的读书人都把《论语》奉为"圣典"，恨不能倒背如流。

《论语》自问世以来的两千多年间，一方面备受推崇，一方面又屡遭非议。这与它当时所处的历史时期及社会环境是有很大关系的。但这些并未影响它在历史上的地位和思想上的价值，一直被儒家奉为最高经典，两千多年来流传下来，影响深远。

关于《论语》，还有一个著名的典故：宋太祖赵匡胤没做皇帝的时候，担任后周的殿前都点检，也就是禁军的统帅。他的手下有一位足智多谋的幕僚，名叫赵普。而这位赵普就是辅佐赵匡胤日后登上皇位的关键人物。在赵匡胤夺取后周政权的过程中，赵普参与策划了公元960年的陈桥兵变，帮助赵匡胤黄袍加身并协助其建立了北宋王朝。此后北宋的统一战争、"削藩"以及历史上著名的"杯酒释兵权"事件中，都显示了赵普卓越的才干。

北宋的统治稳定以后，国家面临着如何建设和治理的问题，虽然赵匡胤仍然对赵普很器重，但却也不放心让一个读书太少的人担任丞相的要职，所以常常劝告赵普，甚至于很严厉地批评过他。据说有一天，宋太祖登明德门，指其榜问赵普曰："明德之门，安用'之'字？"普曰："语助。"帝曰："之乎者也，助得甚事！"普无言。类似这样的故事，在宋人的笔记中还能找到一些。可见赵普的文化水平确实不高，连拟定一个门楼的榜额都不会，啰里啰唆地叫作什么"明德之门"。宋太祖看了很不高兴，所以责问他为什么要加个"之"字。

赵普听了皇帝的严厉批评，心中自然忐忑不安，惶恐至极，每天下朝之后就闭门读书，特别是对于《论语》，赵普读得烂熟。所以，后来在宋太宗赵光义的面前，赵普就敢说："臣有《论语》一部，以半部佐太祖定天下，以半部佐陛下致太平。"

第二章 内智外愚
——孔子的做人绝学

做人是一门大学问,现在社会上教人做人的书籍有很多,然而,真正的做人之道,早在两千多年以前,就被孔老夫子总结得差不多了。

孔子被称为圣人,在后世几乎是受每个人尊敬和爱戴的,而这无疑也是做人的最高境界。

孔子的做人绝学可以用四个字概括,那就是内智外愚。

做人需要技巧，内智不妨外愚

【原文】子曰："吾与回言终日，不违，如愚。退而省其私，亦足以发，回也不愚！"（《论语·为政》）

【大意】孔子说："我和颜回谈论一整天，他从不提反对意见和疑问，就像一个愚笨的人。可是，我注意观察他课后的情况，却发现他很能发挥我所讲的内容，颜回并不愚笨！"

有大智慧的人，不显山露水，不卖弄聪明，表面上看起来很愚笨，其实却很聪明。有句俚语说得生动："面带猪相，心头嘹亮。"可惜颜回没有照片留下来，我们不知道他长得怎么样。

《小儿语》告诉我们："洪钟无声，满瓶不响。"俗话说："满罐水不响，半罐水响叮当。"如果你留意观察，生活中这种现象真是不少。有经验的教师都知道，课堂上发言最踊跃的不一定是成绩最好的。

《老子》有句名言："大直若屈，大巧若拙，大辩若讷。"苏东坡补充说："大勇若怯，大智若愚。"（《贺欧阳少师致仕启》）

颜回不正是这样一个外愚内智的生动案例吗？

外愚内智并非一种处世的技巧，也不是基督的那种泛爱与宽容，它是做人的大学问、大智慧，也是一种人生大境界。

外愚内智是大智若愚、宽怀忍让；是大勇若怯，以柔克刚；是处事不惊，达观权变；是外乱内整，内精外纯；是无所为，而后无所不为；是宠辱不惊，是非心外；是得意淡然，失意泰然；是一笑置之，不计前嫌；是不以物喜，不以己悲；是藏锋露拙，明哲保身；是匿壮显弱，明知故昧；是乐天知命，顺应自然；是淡泊名利，知足常乐；是与世无争，宁静致远；是吃亏是福，财去人安；是静心养神，清心寡欲；是沉默是金，寡言鲜过；是谤我容之，侮我化之。

拥有了外愚内智这种大智慧，人才会清醒，才会冷静，才会有大气度，才会有宽容之心，才能平静地看待世间这纷纷乱乱的"厮杀"、尔虞我诈的"争斗"；才能超越功利，超越世俗，善待世间的一切，才能居闹市而有一颗宁静之心，也才能做到待人宽容为上，处世从容自如。

拥有了外愚内智这种大智慧，你就会感到"天在内，人在外"，天人合一，心灵自由，获得一种从未有过的解放。

凭着这颗自由的心，你再不会为物所累，为名所诱，为官所动，为色所惑。

拥有了这种做人的大智慧，你才能从容自若地面对一切，才能在成功时不骄不躁，百尺竿头，更进一步；才能在失败时不畏流言，不惧攻击，不失去奋斗的力量，不自暴自弃。拥有了这种智慧，做人绝不可能失败！

利而不露能自保

【原文】 曾子曰:"以能问于不能,以多问于寡,有若无,实若虚,犯而不校。昔者吾友尝从事于斯矣。"(《论语·泰伯》)

【大意】 曾子说:"能力强却向能力弱的人请教,知识丰富却向知识少的人请教,有学问却像没学问一样,满腹经纶却像一无所知一样。别人冒犯自己也不计较,我曾经有一位朋友就是这样的。"

据说曾子的这位朋友就是那"大智若愚"的颜回。

古语说得好:"满招损,谦受益。"

一个人即使并不自满,而只是才华横溢、锋芒毕露,也容易受到别人的攻击,受到伤害。因为你的流光溢彩使周围的人相形见绌、黯然失色,所以,你越能干,事情做得越完美,可能越招人嫉妒。也许你完全没有意识到这一点,可事实就是如此。

所以,凡事当留有余地,不要那么锋芒毕露、咄咄逼人,要使人家感到需要你却不受到你的威胁。

没有谁的一生会一帆风顺,永远成功。有些才华横溢的人会把微小的才干显露出来而隐藏更大的才能,使它成为自己身上的发光点,而他们的真实才能一旦显示出来时足以令人震惊。当你既有才华又知展才之道时,结果一定惊人。

当然,我们也不应矫揉造作,因为炫耀易流于自大,自大则不免招致轻视。展示应以谦虚的态度流露,以免流于粗俗。露才过甚,为智者所不屑,恰到好处地展示是无言胜有言。巧妙地掩饰是赢得赞扬的最好途径,因为人们对不了解的东西抱有好奇心。不要一下子展露你所有的本领,慢慢来，逐次增多。赢得一次辉煌的成功后再进行下一次，获得热烈的掌声后再期待更大的成功。

作为一个人，尤其是一个有才华的人，如果不露锋芒，既有效地保护自我，又能充分展现自己的才华。何乐不为？要做到这点不仅要说服、战胜盲目骄傲自大的病态心理，凡事不要太张狂，太咄咄逼人，更要养成谦虚让人的美德。所谓"花要半开，酒要半醉"，凡是鲜花盛开娇艳的时候，不是立即被人采摘而去，就是走向衰败的开始。人生也是如此。当你志得意满时，切不可趾高气扬、目空一切、不可一世，要懂得月满则亏、水满则溢的道理。所以，无论你有怎样出众的才智，也一定要谨记：不要把自己看得太了不起，不要把自己看得太重要，不要把自己看成是无所不能的圣人君子，还是收敛起你的锋芒，掩饰起你的才华吧。

春秋时期，郑庄公准备伐许国。战前，他先在国都组织比赛，挑选先行官。众将一听露脸立功的机会来了，都跃跃欲试，准备一显身手。

第一个项目是击剑格斗。众将都使出浑身解数，只见短剑飞舞，盾牌晃动，斗来冲去。经过轮番比试，选出了六个人，参加下一轮比赛。

第二个项目是比箭，取胜的六名将领各射三箭，射中靶心者胜。第五位上来射箭的是公孙子都。他武艺高强、年轻气盛，向来不把别人放在眼里。只见他搭弓上箭，三箭连中靶心。他昂着头，瞟了最后那位射手一眼便退了下去。

最后那位射手是个老人，胡子有点花白，他叫颍考叔，曾劝庄公与母亲和解，庄公很看重他。颍考叔上前，不慌不忙，"嗖嗖嗖"三箭射出，也连中靶心，与公孙子都打了个平手。

只剩下两个人了，庄公派人拉出一辆战车，说："你们二人站在百步开外，同时来抢这部战车。谁抢到手，谁就是先行官。"结果公孙子都跑了一半时，脚下一滑，跌了个跟头。等爬起来时，颍考叔已抢到车了。公孙子都哪里服气，提腿就来夺车。颍考叔一看，将车拉起，飞步跑开。庄公忙派人阻止，宣布颍考叔为先行官。公孙子都怀恨在心。

颍考叔果然不负庄公所望，在进攻许国都城时，手举大旗率先从云梯冲上许都城头。眼见颍考叔大功告成，公孙子都嫉妒得心里发疼，竟抽出箭来，搭弓瞄准城头上的颍考叔射去，一下子把颍考叔射了个"透心凉"，从城头上栽了下来。

如果说这个例子还不能说明锋芒尽显易惹祸上身的话，那么旧时为人臣者功高震主，为主所杀的例子就应该更具说服力了。打江山时，各路英雄汇聚主帅麾下，锋芒毕露，一个比一个有能耐。主帅当然需要借这些人的才能实现自己图霸天下的野心。但天下已定，这些虎将功臣的才华不会随之消失，这时他们的才能就成了皇帝的心病，让他感到威胁，所以历史上屡屡发生开国初期大杀功臣之事。韩信被杀，明太祖火烧庆功楼，无不如此。大家读过《三国演义》可能会注意到，刘备死后，诸葛亮好像没有大的作为了，不像刘备在世时那样运筹帷幄、满腹经纶、锋芒毕露了。为什么？原因就是在刘备这样的明君手下，诸葛亮是不用担心受猜忌的，加之刘备也离不开他，因此他可以尽力发挥自己的才能，辅助刘备，打下一份江山，三分天下而有其一。刘备死后，阿斗即位。刘备临终当着群臣的面对诸葛亮说："如果这小子可以辅助，就好好辅助他；如果他不是当君主的材料，你就自立为君算了。"诸葛亮顿时冒了虚汗，手足无措，哭着跪拜于地说："臣怎么能不竭尽全力，尽忠贞之节，一直到死而不松懈呢？"说完，叩头流血。刘备再仁义，也不至于把国家让给诸葛亮，他嘴上说让诸葛亮为君，怎么知道他没有杀诸葛亮的心思呢？因此，诸葛亮一方面行事谨慎、鞠躬尽瘁，一方面则常年征战在外，以防授人"挟制"的把柄。而且他锋芒大有收敛，故意显示自己老而无用，以免祸及自身。这是韬晦之计，收敛锋芒是诸葛亮的大聪明。

你不露锋芒，可能永远得不到重任；你锋芒太露，却又易招人陷害。当你施展自己的才华时，也就埋下了危险的种子。虽容易取得暂时的成功，却也为自己掘好了坟墓。所以才华显露要适可而止。

深藏你的拿手绝技，你才可永为人师。当你施展才能时，必须讲究策略，不可把你的看家本领通盘托出，这样你才可长享盛名，使别人永远唯你是依。在指导或帮助那些有求于你的人时，要点点滴滴地展示你的造诣。含蓄节制乃生存与制胜的法宝，在重要事情上尤其如此。

"枪打出头鸟"这个道理相信大多数人都明白，锋芒毕露可能会招致自身毁灭，所以，做人要灵活，不该出头别出头。

孔子说："人不知，而不愠，不亦君子乎!"可见人不知我，我心里一定会老大不高兴，这是人之常情，尤其是年轻人，总是希望别人能在最短的时间内就知道自己是个不平凡的很有成就的人。要让别人了解自己的最有效办法当然是先要引起大家的注意。要引起大家的注意，只是从言语、行动方面努力的话，会很容易在言行或举止方面锋芒毕露。

锋芒是刺激大家的最灵验的方法，但是如果仔细看看周围一些有人缘的人你会发现，他们与你完全相反。"和光同尘"，毫无棱角，言语如此，行动也是一样。他们个个深藏不露，表面上看好像他们都是庸才，其实他们的才能颇有出于你之上者；好像个个都很讷言，其实其中颇有善辩者；好像个个都无大志，其实颇有雄才大略而不愿久居人下者。但是他们却不肯在言谈举止上露锋芒，不肯做出众人物，这是什么道理呢？

有句俗话说得好：人怕出名，猪怕壮。因为他们有所顾忌，言语露锋芒，便很容易得罪旁人，得罪旁人便会成为自己前进的阻力，成为自己成功的破坏者。行动露锋芒，便会招惹旁人的妒忌，旁人妒忌也将成为你的阻力，成为你的破坏者。如果你的四周都是你的阻力或你的破坏者，在这种形势之下，你的立足点就会被推翻，哪里还能实现你求知于人的目的呢？

年轻人往往会狂妄自大，树敌太多，与同事之间不能水乳交融地相处，究其原因就是在语言表达、行为举止上锋芒太露，以致影响到他人。言语、行为之所以锋芒太露，是急于求知于人的缘故，这也是遭人妒忌的最大原因。

当然，你也许会说，采取这样的办法不是永远没有人知晓自己的才能了吗？其实只要把握住表现自己才能的机会，并做出过人的成绩来，大家自然就会知道你，赞赏你。这种表现本领的机会不怕没有，只怕把握不住，只怕做出的成绩不能令人特别满意。你如果已经具有真实的本领，就要留意表现的机会，如果还没有真实的本领，就要赶快准备。

《易经》上说："君子藏器于身，待时而动。"无此器最难，有此器不患无此时。锋芒对于年轻人，害处颇多，而好处却很少。这种锋芒好比是额头上长出的角，额上生角必然会很容易碰伤别人，如果你不去想办法磨平自己的角，时间久了，别人也必将你的角折去，角一旦被折，其伤害可就大多了。

做人灵活，就不要太露锋芒，太露锋芒很有可能招致"毁灭"，而盖其锋芒方可图日后更大发展。

施展才能要看时机和环境

【原文】 子谓南容："邦有道，不废；邦无道，免于刑戮。"（《论语·公冶长》）

【大意】 孔子对南容说："国家政治清明的时候有官做，国家政治黑暗的时候免遭刑罚。"

用现在的话理解孔子的意思，就是在太平之世施展抱负，在黑暗之世保全自己。

由此可知，圣人并不主张我们去做一个黑暗时代的牺牲品，而是要求我们讲究一点处世的艺术。

南容能够做到这一点，所以孔子同意自己的侄女嫁给他，以保证侄女今后在遇到乱世时不会守寡。

公冶长人品好，南容人品也好。有意思的是，孔子把自己的女儿嫁给坐牢的公冶长，而把侄女儿嫁给处世很有一套不会有坐牢之苦的南容。这种做法很有分寸，既对得起死去的兄长，又不会受到世人的指责。说起来，也是一种高明的处世艺术。

宁武子是春秋时代卫国很有名的大夫。"邦有道则知"，当国家政治清明、政通人和之时，他便充分施展自己的聪明才智。在"邦无道"的时候，他便表现出愚蠢鲁钝、碌碌无为的样子。在国家兴盛、政治稳定之时，人人都竭尽全力、大展其才；而在社会混乱之时，则像宁武子一样，能韬晦沉冥，隐藏自己的智慧，"存身以求济大事"，安于朴实无华、老实平淡，就很难了。所以，孔子说："其知可及也。其愚不可及也。"

东汉末年，社会动荡不安，政治黑暗，土地兼并现象严重，地方豪强并起。中央皇权虚弱无力，对地方过度放权，造成了群雄割据的局面。而各个州牧纷纷利用天下大乱，名正言顺地兼并地盘，也趁机扩大权力和武装力量；还有人在战乱中自封为州牧和刺史，此时东汉政府的实质统治力已经名存实亡。诸葛亮就出生在这样一个动乱的年代。

诸葛亮的童年是极其坎坷的。他很小的时候，父母就先后离开了人世。之后，他跟随叔父诸葛玄生活，从小受到了系统的儒学训练。叔父去世后，他在离襄阳城不远的隆中隐居起来，半耕半读。他在隆中读了很多书，也结交了很多志同道合的朋友，被尊称为卧龙先生。

诸葛亮后来在他著名的《诫子书》中写了一句千古流传的名言："非淡泊无以明志，非宁静无以致远。"可是，一个人胸怀雄心壮志，而又报效无门的时候，要真正做到"淡泊、宁静"是很难的。这时，刘备听说卧龙先生的才华，三顾茅庐，请诸葛亮出山。《三国志》中对这一情节的描写只有五个字："凡三往，乃见。"而《三国演义》则写得非常精彩：第一次，刘关张三人前往，但小童说先生出游，不知何时回来；第二次，三人在风雪交加的日子去拜访，却只是见得先生家人；第三次，诸葛亮小睡片刻而让刘、关、张三人等了老半天才见上面。正是这次见面，诸葛亮遂向刘备陈说了三分天下之计，分析了曹操不可取，孙权可作援的形势；又详述了荆、益二州的州牧懦弱，有机可乘，而且只有拥有此二州才可争胜天下；更向刘备讲述了攻打中原的战略。这篇论说后世称之为《隆中对》。刘备听后大赞，力邀诸葛亮相助，于是诸葛亮便出山入幕。此时的诸葛亮，找到了施展抱负的时机。于是才有智取荆州，联吴抗曹，北伐中原……公元234年，诸葛亮因积劳成疾，病逝于五丈原，葬于定军山。

诸葛亮的一生共两个27年。公元207年以前的27年，是他修身养性、立志用世的准备阶段。公元207年到234年的27年，是诸葛亮尽忠蜀汉的阶段，无论先主、后主都非常信任他。他明法、正身、联吴、治军，以"鞠躬尽瘁，死而后已"的无私奉献辅佐君王到生命的最后一息。

清朝名士郑板桥说过一段话："聪明难,糊涂亦难,由聪明而转入糊涂更难。放一着,退一步,当下心安,非图后来福报也。"绝顶聪明之人,要收敛自己聪明的锋芒。刻意隐藏"以天下为己任"的抱负,没有一点"卧薪尝胆"的功夫是难以做到的。"敢为天下先"也需视时机和环境而定。

第二章 内智外愚——孔子的做人绝学

不要卖弄小聪明

【原文】 子曰:"群居终日,言不及义,好行小慧,难矣哉!"(《论语·卫灵公》)

【大意】 孔子说:"大家整天聚在一起,谈话丝毫不涉及道义,却喜欢卖弄小聪明,这种人真是难以长进啊!"

现代人尤其容易犯这种毛病。茶楼酒馆、卡拉 OK 厅等娱乐休闲场所一坐就是半天,大家说些天气,说些股票,东家长、西家短的这就是孔子所说的"群居终日,言不及义"现象,有点近似于我们所说的"清谈"之风。明末清初,顾亭林就曾经批评当时南方的读书人是"群居终日,言不及义",而北方的读书人是"饱食终日,无所用心"。

言不及义也罢,无所用心也罢,都只是无聊而已。可偏偏就是有些人还喜欢卖弄小聪明,大家凑在一起就专门研究张三,研究李四,耍些小心眼,出些鬼点子整人,今天攻击张三,明天攻击李四。在小聪明方面,这些人是真正的天才,添油加醋,捕风捉影,甚至造谣中伤,无中生有,整起人来一套一套的。

所以,我们切不可轻视了这种小聪明的危害。

聪明是一笔财富,关键在于怎么使用。真正聪明的有智慧的人善于使用自己的聪明和智慧,那是因为他们深藏不露,不到火候决不会轻易使用,一定要显得貌似平常,让他人不眼红。一味地耍小聪明,不管必要或不必要,不管合适不合适,时时处处显露精明,不仅无益于成功,还往往招来祸根。

有大智若愚,同样也有大愚若智,区别在于是否有自知之明。

《老子》中云："不自见，故明；不自是，故彰；不自伐，故有功；不自矜，故长。"这段话的意思是：一个人不自我表现，反而显得与众不同；不自以为是，反而会超出众人；不自夸成功，反而会进步。又云："企者不立，跨者不行；自见者不明，自是者不彰，自伐者无功，自夸者不长。"这是说：那些盲目自傲，不宽容，耍小聪明，固执己见，自以为是，好大喜功的人在任何一方面都是很难成功的。西方人有个诙谐的说法：法兰西人的聪明藏在内，西班牙人的聪明露于外。前者是真聪明，后者是假聪明。

在政治谋略中，"小聪明，大糊涂"更是万万要不得的。而三国时期魏国的杨修恰恰是犯了这个错误才做了曹操的刀下之鬼。

杨修是曹操的主簿，在《三国演义》一书中，他是很有名的思维敏捷的官员和有名的敢于冒犯曹操的才子。

刘备亲自攻打汉中，惊动了许昌，曹操也率领40万大军迎战。曹刘两军在汉水一带对峙。曹操屯兵日久，进退两难，适逢厨师端来鸡汤。见碗底有鸡肋，有感于怀，正沉吟间，有将入帐禀请夜间号令。曹操随口说："鸡肋！鸡肋！"人们便将其作为号令传了出去。行军主簿杨修听到后即令随行军士收拾行装，准备归程。众将大惊，请杨修至帐中细问。杨修解释说："鸡肋者，食之无肉，弃之有味。今进不能胜，退恐人笑，在此无益，来日魏王必班师矣。"大家信服，营中诸将纷纷打点行李。曹操知道后，怒斥杨修造谣惑众，扰乱军心，便把杨修斩了。

后人有诗叹杨修，其中有两句是："身死因才误，非关欲退兵。"这是很切中杨修之要害的。

原来杨修为人恃才放旷，数犯曹操之忌。曹操兵出潼关，到兰田访蔡邕之女蔡琰。蔡琰，字文姬，原是卫仲道之妻，后被匈奴掳去，于北地生二子，作《胡笳十八拍》，流传入中原。曹操深怜之，派人去赎蔡琰。匈奴王惧曹操势力，送蔡琰还汉朝。曹操把蔡琰许配董祀为妻。曹操去访蔡琰，看见屋里悬一碑文图轴，内有"黄绢幼妇，外孙齑臼"八个字。曹操问众谋士谁能解此八字，众人都不能答。只有杨修说已解其意。曹操叫杨修先勿说破，让他再想一会儿。离开董家后，曹操上马行三里，方才省悟。原来此含隐语"绝妙好辞"四字。曹操也是绝顶聪明的人,却要行三里才想出答案,可见急智远不及杨修。

曹操曾造花园一所。造成后曹操去观看时,不置褒贬,只取笔在门上写一"活"字。杨修说:"门内添活字,乃阔字也。丞相嫌园门阔耳。"于是翻修。曹操再看后很高兴,但当知是杨修析其义后,内心已忌杨修了。又有一日,塞北送来酥饼一盒,曹操写"一合酥"三字于盒上,放在台上。杨修入内看见,竟取来与众人分食。曹操问为何这样?杨修答道,你明明写"一人一口酥"嘛,我们岂敢违背你的命令?曹操虽然笑了,内心却十分厌恶。曹操怕人暗杀他,常吩咐手下的人说,他好做杀人的梦,凡他睡着时不要靠近他。一日他睡午觉,把被子蹬落在地,有一近侍慌忙拾起给他盖上。曹操跃身而起,拔剑杀了近侍。大家告诉他实情,他痛哭一场,命厚葬之。因此,众人都以为曹操梦中杀人,只有杨修知曹操的心,于是便一语道破天机。凡此种种,皆是杨修的聪明犯了曹操忌:杨修之死,皆因他的"小聪明"。

杨修终于结束了他聪明的一生。他的聪明,大智者看来,其实只是小聪明大愚蠢。大智者能心里明白而不随便表露出来,绝不表现得比别人聪明。如果杨修知道他的聪明会给自己带来灾祸,他还会耍小聪明吗?所以他的愚蠢之处就是不知道耍小聪明会带来灾祸。这样的人算聪明吗?显然不算。多少年过去了,他被提拔得很慢,显然是曹操不喜欢他的缘故,这点他没有意识到。曹操对他的厌恶、疑心越来越深,他也没有意识到,也就是说,该聪明时他反倒真糊涂起来了。如果他迎合曹操,不表现他的小聪明,那么他很可能会成功的。人们也许会说,杨修的死,关键在于曹操的聪明和多疑,但是,作为上级,换了谁,也不大愿意让部下知道他的全部心思、他的用意。显然,杨修最终非失败不可,这可算是"聪明反被聪明误"的典型。罗贯中说他"身死因才误,非关欲退兵",也只是说对了一半。他的才太外露了,从谋略来看,尚不是真才,不是大才,至少他不知道韬光养晦,不知道大智若愚,不知道保护自己。那么,除了灾祸降临,他还会有什么结果呢?曹操是何等聪明之人,在他跟前,笨蛋当然不会受到重用,而才能太露也有"功高盖主"之嫌,所以,真正聪明的人会掌握"度"。"过犹不及",就是说,太聪明了反倒不如不聪明,实在是至理名言啊!

明代大政治家吕坤以他自己丰富的阅历和对历史人生的深刻洞察,提出了"古今得祸,精明人十居其九"的结论。他在《呻吟语》中说了一段十分精辟的话:"精明也要十分,只需藏在浑厚里作用。古今得祸,精明人十居其九,未有浑厚而得祸者。今之人唯恐精明不至,乃所以为愚也。"

用现在的话来理解就是:精明还是非常需要的,但要在浑厚中悄悄地运用。古往今来得祸的人绝大多数都是精明的人,没有因浑厚而得祸的。现在的人唯恐不能精明到极点,这就是之所以愚蠢的原因啊!

聪明是一笔财富,关键在于怎么运用。财富可以使人过得很好,也可能毁掉人。凡事总有两面,好的和坏的,有利的和不利的。真正聪明的人会运用自己的聪明,那就是深藏不露,不到火候时不要轻易使用,一味耍小聪明,其实是愚蠢。因为那往往是招灾引祸的根源。无论是从政还是经商,是做学问还是治家务农,都不能耍小聪明。

可见,耍小聪明的人有两种灾祸,一是被人猜忌防范而招祸,一是自己会把事情办坏而不能成功。它可以使人得意于一时,获得心理上的满足,然而终究还是自毁,不会取得真正的、伟大的成功。

第二章 内智外愚——孔子的做人绝学

做人诚信第一

【原文】子曰："人而无信，不知其可也！"（《论语·为政》）

【大意】孔子说："作为一个人却不讲信用，不知他怎么可以立身处世！"

讲诚信与背信弃义就像是一对孪生兄弟，它们穿越古今文化传承，跨过历史长河，直到今天，依然与我们同在。或者更准确地说，商品经济越发达，背信弃义与讲信用的矛盾越发突出。

面对这样的形势，我们是不是应该大书特书圣人的呼吁呢？——人而无信，不知其可也！

金庸笔下的韦小宝尚且知道："君子一言既出，那个什么什么马难追。"

所谓"一言九鼎""一诺千金"，古往今来，关于讲信用的精言妙语的生动故事可以说是不胜枚举。

孔子对子贡说："自古皆有死，民无信不立。"（《论语·颜渊》）事实上，做人也好，处世也好，为政也好，言而有信是关键所在。

守诺是树立良好的个人形象的关键。不轻易承诺，一旦承诺，必须兑现。机会不会降临于一个言而无信的人。生活中有不少人平时信口开河，说过的话很快就全忘了。或许他承诺的是无足轻重的事，但对小事的失信会使人怀疑其做大事的信用。没有信用的人就像一张空头支票一样没有意义。

春秋五霸之一的晋文公准备攻打原国，和大夫们约定十天攻下。到了第十天没有攻下，他准备鸣金收兵回国。有一个将军对他说："再有三天就可以攻下了。"群臣也劝谏他再等几天。文公说："我和士卒约好十天，十天不退兵，我将失去信用。得到原地而失去信用，这种事我不愿做。"

于是毅然率军回归。原国的人听到此事，便说："有像他这样守信用的君王，我们为什么不归顺呢？"于是自己出城投降了。卫人听说此事，也主动归顺了晋文公。

做人讲信用，做生意更应该讲信用，守信就是企业的生命。企业对员工、客户、社会都要有信用，不能守信的企业将不能持久。以前些年所谓的"十大经典策划"为例，某商场以拒售索尼彩电为由，大肆进行新闻炒作，理由是索尼对某消费者因购问题彩电而要求赔付不满意。抛开当时的各种因素不谈，如果让时间"说话"，事实是索尼在中国消费者心目中仍是高科技进口家电的代表，而当时出尽风头的该企业却逐渐出现销声匿迹的态势。

投机钻营做不成百年企业，"口水战"的风光掩盖不了事实的"商业欺诈"，抓住极个别的偶然现象，否定索尼的全部，了解真相的消费者怎么能认可。

靠打击诋毁竞争对手，以对手的更坏来证明自己更好，不但有悖于守信经营，也是很不明智的。令人遗憾的是，有些商家仍在拿自己的信用当儿戏，为了和对手搞价格战，在报纸上标示出价格很低的商品，等消费者蜂拥而至，却无货销售。更有甚者，为了营造所谓的商业氛围，个别专营商家竟然明令员工家属排队烘托生意火爆的气氛，借以吸引和欺骗顾客。这些将守信当儿戏、愚弄消费者的企业，不仅自己丢了信誉，更使整个社会的诚信基础受到破坏。

在美国，信用有污点的人不能贷款、不能做老板，找不到好的工作。有一位在中国教公共英语的老外，自己编了一本参考书，到考试时，其他老师给学生划考试重点，他没有，而是让同学们学参考书的最后一课：关于诚信。听说中国学生考试作弊，他说打死了也不相信，因为一个民族靠作弊是不能强大的。作弊是最大的失信，因为生活本身就会惩罚没有诚信的人，而且要严厉得多。你的信誉价值连城，怎么舍得用一点考分把它出卖了呢？

社会进步了几千年，商家重提"质优价廉""童叟无欺"的古训，确实有回到起点的感觉，但消费者群体是最聪明和最有识别力的。为了增强社会的诚信度,企业更要重视建设自己的诚信形象。让消费者满意是企业发展的动力,只有使消费者感到企业有诚信,消费者才能忠诚于企业,进而培养出企业的忠实顾客群。

全球最优秀的企业之一——美国通用电气公司,不仅把诚信看作是企业的外在形象,更将诚信作为崇高的道德理念和无价的资产,诚信高于一切,甚至被视为企业的生命。在通用,没有人会因为失掉一个地区或一个错误而失去工作,人们会有第二次、第三次机会,并且可以得到培训。唯有失去诚信是没有第二次机会的。

国内几位知名的经济伦理学专家曾共同对中国加入 WTO 后的道德挑战进行了深入探讨。专家认为,经济全球化进程中的竞争,说到底是道德素质的竞争:如何培养全民的经济德行应对入世,已成为迫在眉睫的任务。

道德素质的竞争,对企业而言,就是讲求诚信经营。第一,要建立自己有诚信的人才队伍,提高全社会对整个商业的消费信心;第二,建立和完善全社会的信用体系,扩大整个社会的信用消费,提高消费质量及规模。

易货经济,货币经济,再到信用经济,是经济社会发展的三个重要阶段。推广诚信建设,是个人、企业更是全社会的当务之急。这些正反两方面的例子可以说明,做人灵活,但不能失去原则、失去诚信,要信守诺言。诚信是做人的基本原则,失信则失去别人的认可,对自己以后的发展是非常不利的。

做人要有气节

【原文】子曰:"三军可夺帅也,匹夫不可夺志也。"(《论语·子罕》)

【大意】孔子说:"军队可以被夺去主帅,男子汉却不可被夺去志气。"

关云长温酒斩华雄,千军万马中夺敌帅首级如探囊取物。

这是"三军可夺帅也"。

严颜宁死不屈,面不改色,"但有断头将军,无有投降将军"。

这是"匹夫不可夺志也"。

帅可夺而志不可夺,将可杀而不可辱。这是因为,军队虽然人多势众,但其主帅仍可能被人抓去,而主帅一旦被人抓去,整个军队失去了领导人,也就会全面崩溃了。匹夫虽然只有一个人,但只要他真有气节,志向坚定,那就任谁也没有办法使他改变。这种宁死不屈的事迹,可歌可泣,在历史上不胜枚举。

苏武是西汉时期汉武帝的大臣。当时汉朝和匈奴的关系时好时坏。公元前100年,匈奴新单于即位,汉武帝为了表示友好,派遣苏武率领常惠等一百多人出使匈奴,持旄节护送扣留在汉的匈奴使者回国,还送给单于很丰厚的礼物。不料,就在苏武完成了出使任务,准备返回汉朝时,匈奴上层发生了内乱,苏武一行受到牵连,被扣留下来。

单于派卫律向苏武劝降,许以厚禄和高官,苏武严词拒绝了。匈奴见劝说没有用,就决定用酷刑。当时正值严冬,单于命人把苏武关进一个露天的地牢里,断绝食品和水的提供,希望这样可以改变苏武的信念。时间一天天过去,苏武在地窖里受尽了折磨。单于见濒临死亡的苏武仍然没有屈服,只好把苏武放出来了。单于见苏武誓死不降,越发敬重苏武的气

节，不忍心杀苏武，又不想让他返回自己的国家，于是把苏武流放。临行前对苏武说："既然你不投降，那就去放羊吧，什么时候这些羊生了羊羔，你就什么时候回你的大汉去。"

　　苏武被流放到了北海（今贝加尔湖地区）。那里人迹罕至，单凭个人的能力是无论如何也逃不掉的。在那里，与苏武做伴的，是那根代表汉朝的旄节和一小群公羊。苏武每天拿着这根旄节放羊，心想总有一天能够拿着它回到自己的国家。渴了，他就吃一把雪；饿了，就挖野鼠收集的野果充饥；冷了，就与羊一起取暖。这样日复一日，年复一年，旄节上挂着的旄牛尾装饰物都掉光了，苏武的头发和胡须也都变白了。

　　苏武在北海牧羊长达19年之久。十几年来，当初下了命令囚禁他的匈奴单于已去世了，汉武帝也死了，汉武帝的儿子汉昭帝继任皇位。公元前85年，匈奴起了内乱，单于没有力量再跟汉朝打仗，又打发使者要求和好。汉昭帝派出使者来到匈奴，要求放回苏武、常惠等人。匈奴骗使者说苏武已经死了。

　　第二次，汉朝又派使者到匈奴去。常惠买通了单于的手下人，私底下跟使者见面。使者才知道苏武的境况，就严厉地责备单于说："我们皇上在上林苑射下了一只大雁，大雁的脚上拴着一条绸子，是苏武亲笔写的一封信。他说他在北海放羊。您怎么说他死了呢？"单于听了吓了一大跳，连忙向使者道歉，答应一定送回苏武。

　　当初苏武出使时，随从的人有一百多，这次跟着他回来的只剩了常惠等几个人了；苏武出使时刚四十岁，在匈奴受难19年，在昭帝始元六年（公元前81年），他终于回到了长安。回长安时百姓都出门迎接，称赞他是个有气节的大丈夫。

　　相反，一个人如果没有气节，志向不坚定，则很可能在关键时刻受不住诱惑或经不住高压而屈膝变节，成为人们所鄙视的叛徒。

　　在历史上，也有因丧失气节而遗臭万年的人，比如秦桧。提起秦桧这个中国历史上著名的奸臣，人人痛恨。痛恨他卖主求荣，残害忠良，把大好河山拱手让人。其实，在靖康之耻发生前，他也是主战派。但是就是因为随着徽、钦二帝被俘至金，屈膝变节，为完颜昌所用。

宋高宗建炎四年（公元1130年），秦桧逃回临安，官至丞相，深得高宗宠信。秦桧在南宋朝廷内属于主和派，奉行割地、称臣、纳贡的议和政策。他结纳私党，斥逐异己，屡兴大狱；第二次拜相期间，他极力贬斥抗金将士。在后世的文学作品中，多把秦桧描写成杀害岳飞的罪魁祸首。在杭州栖霞岭下的岳飞墓前，至今还有秦桧夫妇的跪拜像。

第二章 内智外愚——孔子的做人绝学

要知道自己能吃几两干饭

【原文】 子使漆雕开仕。对曰："吾斯之未能信。"子说。(《论语·公冶长》)

【大意】 孔子叫漆雕开去做官,漆雕开回答说:"我对做官还没有信心。"孔子听了非常高兴。

孔子为什么而高兴?

他不是高兴漆雕开不去做官,而是高兴漆雕开有自知之明。漆雕开能认识自我,认为自己还不具备当官的能力,于是便实事求是地承认自己的不足,而不是一听老师吩咐就不管三七二十一,一口答应下来,然后走马上任。这就说明他很清楚自己的能力,知道自己能"吃几碗饭",孔夫子因此而高兴。

凡事都有个基础,成功也需要铺垫,"没有人能随随便便成功",这个铺垫就是自己的能力、本事。得失寸心知,客观地评价自己是你能有多大作为的标尺。

中国老百姓说话最实在——一个人总得知道自己能吃几两干饭。但是,生活中几乎没有谁能客观地评价自己。如果你认定自己做到了客观,那也只能是相对客观。无论人们嘴上怎么说,在他们的心目中,总觉得自己比别人强。不把自己当回事儿的人也有,比如说绝望的人群,他们张扬的是不值得提倡的自卑,评价同样不客观。做到客观很难,但是又很重要。

1948年5月14日,以色列国诞生,但不久以色列与周围阿拉伯国家的战争便爆发了。已经定居在美国十多年的爱因斯坦立即向媒体宣称:

"现在，以色列人再不能后退了，我们应该战斗。犹太人只有依靠自己，才能在一个对他们存有敌对情绪的世界上生存下去。"

1952年11月9日，爱因斯坦的老朋友以色列首任总统魏茨曼逝世。在此前一天，就有以色列驻美国大使向爱因斯坦转达了以色列总理本·古里安的信，正式提请爱因斯坦为以色列共和国总统候选人。当晚，一位记者给爱因斯坦的住所打来电话，询问爱因斯坦是否打算出任以色列共和国总统？他说："不会。我当不了总统。"记者有些疑惑，他觉得爱因斯坦是最伟大的犹太人，甚至是全世界最伟大的人，而总统又是一个象征性的职务，没有多少具体事务，怎么会当不了呢？再次询问之下得到的答复还是"不，我干不了"。

后来，驻华盛顿的以色列大使也打来电话，说是奉以色列共和国总理本·古里安的指示，问他是否接受提名他当总统候选人？爱因斯坦回答："大使先生，关于自然，我了解一点，关于人，我几乎一点也不了解。我这样的人，怎么能担任总统呢？请您向报界解释一下，给我解解围。"大使进一步劝说："教授先生，已故总统魏茨曼也是教授呢。您能胜任的。""魏茨曼和我不是一样的。他能胜任，我不能。"大使仍然不放弃，"教授先生，每一个以色列公民，全世界每一个犹太人，都在期待您呢！"

爱因斯坦被同胞们的好意感动了，但他明白他的才能与志向在方程式，而不在政治。于是爱因斯坦在报上发表声明，正式谢绝以色列总统候选人的提名。在爱因斯坦看来，当总统可不是一件容易的事。同时，他还再次引用他自己的话："方程对我更重要些，因为政治是为当前，而方程却是一种永恒的东西。"

在包装炒作泛滥的时代，很多人都想最大限度地膨胀自己，这时候，每个人都应该在自信的前提下有点自知之明。于是，当我们遇到有人把生活中的"丑"赤裸裸地展示出来时，就会感到窒息，因为与美的差距实在太大了。这种前卫的行为艺术并不被看好。如今，很多人都对自己根本不懂的事情跃跃欲试。如果通过刻苦的钻研，最终补充必需的知识，从而超越自己，那当然是一件好事。可是，有些人明明知道自己在某个领域毫无建树，也不可能有所建树，却在那里面硬撑着，因为那个环境比较舒适。

这种状态初想起来会感到滑稽，再仔细品味就有点可怕了。

这是一种双重的可怕。一方面是对工作的对象而言，一方面是对自己而言。外行终归是外行，如果说他有存在的意义，那也只能是为内行提供反面教材。可现实中往往不是如此。他们极力地在各种领域表现自己，而藐视内行的谦让。一旦有机会领导内行，往往会变本加厉。但是，越是这样就越没有好处。因为内行永远不会发自内心地佩服你，而你又毫无所得，甚至永远失去充实自己的机会。耽误别人又最终对自己没什么好处的事情，做它到底干什么呢？

因此，既承认自己的能力，又看清自己不足的人最值得敬佩，他们的心态非常健康。国际上知名的大企业都非常在意员工的人格魅力，人格成本尽管"看不见"，却非常昂贵。可见，"人贵有自知之明"已经不仅仅是一种素质，更是时代需要的成功资本了。

在这个世界上，根本没有多少死胡同，能不能找到路，走得好不好，完全在于个人的本领。很多人迷路是因为他们手中没有路线图和指南针，缺乏自知之明。

听而改之，能很好地保护自己

【原文】 子曰："法语之言，能无从乎？改之为贵。巽与之言，能无说乎？绎之为贵。说而不绎，从而不改，吾末如之何也已矣。"（《论语·子罕》）

【大意】 孔子说："严正的告诫，能不听从吗？但要以确实改正为可贵。恭维的话，听了能不高兴吗？但要以冷静分析为可贵。盲目高兴而不加以分析，表面听从实际不改，我不知道拿这种人怎么办了。"

俗话说："良药苦口利于病，忠言逆耳利于行。"俗话又说："一人计短，两人计长。"这都是告诉我们要多听取别人的意见。

孔子所说的"法语之言"也就是忠言，严肃庄重的告诫，听起来虽然不顺耳，但却有利于行动。所以听忠言的关键是要牢记在心，落实在行动上，不然的话，就不会收到好的效果。

当局者迷，旁观者清，一个人再有本事也可能有时对自己不能准确把握，常常身处危险之中而不自知。这时旁人的意见往往能使你清醒，找到保护自己的方法。

秦昭王五十二年（公元前255年），燕国辩士蔡泽听说范雎在秦处境艰难，便来到秦国。蔡泽是个十分聪明的人，博学善辩，曾游说诸侯，却一直得不到赏识，听说唐举善于相面，便去请唐举看相。他对唐举道："闻先生曾为赵国李兑看相，预言李兑'百日之日可持国秉政'，有这样的事吗？"唐举答道："确有其事。"蔡泽又问道："臣下，先生以为何如？"唐举端详一番，笑道："先生之鼻上翻，肩高脖短，面大鼻凹，双膝蜷曲。我闻圣人不在乎相貌，殆谓先生乎？"蔡泽知唐举嘲笑他，便以大言回敬唐举道:"富贵臣本来自有,不用你说,所愿知者唯寿数耳。"唐举道:"先生之寿,从今而后还有四十三年。"蔡泽听了,遂向唐举致谢,然后离去,并大声对其御者讲话,以让唐举知晓。蔡泽言道:"臣手持精米饭,口食肥肉,乘华车骏马,怀抱黄金印,腰系紫色绶带,面见君王,行君臣之礼,令取俸禄,享受荣华富贵,43年足矣!尚有何求?"唐举大笑,礼送蔡泽而去。

蔡泽复游说列国,先赴赵国,没有成功,遭到了驱逐。后往韩、魏,于野外被强盗抢走炊具。又闻听范雎保荐的郑安平、王稽,皆得重罪。范雎已违秦法,举措失利,觉得这是一个很好的机会,便西赴秦国。

蔡泽欲游说昭王,故意派人扬言激怒范雎道:"燕国辩士蔡泽,乃是名扬天下的有识之士,特来求见秦王,秦王如若见我,必令我代彼之位,相印可唾手而得。"范雎闻言,很不服气,说:"五帝三代之事,百家之说,我无所不闻,巧辩之士,遇我则屈,蔡泽乃无名之辈,何能难我,又岂能游说秦王,夺我相印呢?"于是派人去召蔡泽。

蔡泽见到范雎,神态傲慢,仅向范雎拱手施礼,并不朝拜。范雎本来就非常恼怒,召见蔡泽,既不出迎,亦不行宾主相见大礼,更不命坐,只是踞坐堂中会见蔡泽。他见蔡泽举止骄矜,便厉声责问蔡泽道:"是你扬言取代我为秦国宰相吗?"蔡泽昂首答道:"正是。"范雎道:"你有何等韬略,可以夺我相位?"蔡泽道:"唉,您的见识何以落后到如此地步呢?夫四时循环往复,前者退,后者进,如今您应该退隐矣!"范雎道:"我不自退,谁又能令我退之?"蔡泽道:"以仁为根本,匡扶正义,施行恩惠,辅佐贤君实现自己的宏愿,难道不是我等聪明才辩之士所希望的吗?"范雎道:"是的。"蔡泽道:"既已得志于天下,富贵显荣,又能保守他的事业,能与天地一样长存,难道不是圣人所说的吉祥善事吗?"范雎道:"是的。"蔡泽道:"终其天年,享受俸禄,传之子孙,名实相符,恩德流传广远,难道不是您的愿望吗?"范雎答道:"正是。"蔡泽见他已经入彀,便将话锋一转,反诘范雎道:"至于秦国的商鞅、楚国的吴起、越国的大夫文种,皆功成天下而身死,也是您所愿意的吗?"范雎暗想:"此人口齿伶俐,步步相逼,如说不愿,正中其说术。"便佯应道:"有什么不愿意的。商鞅侍奉秦孝公，忠贞不贰，变法图强，富国强兵，为秦国拓地千里；吴起侍奉楚悼王，令私下不损公，制定法令，废贵戚以养士卒，南平吴越，北却三晋，威慑诸侯；大夫文种侍奉越王勾践，即使君主处境困厄，也尽忠不懈，终使越国转弱为强，并吞吴国，为其主雪耻会稽之辱。这三人为节义的典范、忠贞的准则，虽不得其死，却功垂天下，名传后世，大丈夫杀身以成仁，视死如归，何怨之有？"蔡泽说："商君、吴起、文种作为臣子，所作所为为世人称道，而君主却错待了他们，三人功劳卓著得不到好报，难道世人会羡慕其冤屈而死吗？如果等到死后才可成名，那么，孔子就不配称为圣人，管仲就不配称为达人了。人们建功立业，难道不希望性命及声名俱全吗？故大夫立身处世，身名俱全者，上也；名传身死者，次也；名辱身全者，为下耳。"这一番话，正中范雎下怀，范雎只有点头表示赞许。

蔡泽进一步说："辅助君主，修明政治，富国强兵，使王室显赫，声威慑于四海，功业昭著天下，声名流传万代，您与商鞅、吴起、文种相比何如？"范雎道："我固不如。"蔡泽道："如今您的功绩和所受到的宠爱，比不上商鞅、吴起、文种，而您的俸禄多，地位高，财富超过他们，如不及时隐退，后果会比他们更惨。常言道：'日中则移，月满则亏，物盛则衰。'事物到了极点就要衰落，进退盈缩，须随时势变化，此为圣人处世之常道。您担任秦国宰相，计不下席，谋不出廊庙，坐制诸侯，威慑诸侯，功劳已达到极点了，如不隐退，就会落得与商鞅、吴起、文种同样的下场。我听说'鉴于水者见面之容，鉴于人者知吉与凶'。古书上又说：'成功之下，不可久处。'商鞅、吴起、文种三人的灾祸，为什么您还要追随呢？您如乘机交还相印，让给贤德之人，自己归隐林泉，既可以得到尧时许由和吴国季子辞让的美称，又可以得到商末伯夷、叔齐归隐的贤名，世世代代享受君王的俸禄，这样的结果和遭受灾祸的结果相比，您选择哪一种呢？"

蔡泽还要说下去，范雎已深为所动，忙起身离座，对蔡泽道："先生自谓雄辩有智，果然名不虚传。我听说'欲而不知足则失其所欲，有而不知止则失其所有'。幸蒙先生指教，雎敬遵命。"于是，毕恭毕敬地请蔡泽入座，待以客礼，尊为上宾。

　　过了几天，范雎入朝，对昭王道："有个朋友名叫蔡泽，近日从山东来见我。此人通达时变，有经天纬地之才，经世济时之略，足以辅佐秦政，成就君主三王五霸那样的事业。臣下见过的辩客很多，无人可同他相比，臣亦不及他，故冒昧地向大王举荐。"昭王遂召见蔡泽，问以治国图强、兼并六国之计。蔡泽对答如流。昭王十分欢喜，便拜蔡泽为客卿。范雎乘机托病，请还相印，昭王虽口头上不应允，还勉强使范雎理事，心中却早已看中了蔡泽。范雎再三以病笃相推，昭王便拜蔡泽为宰相。

　　于是范雎辞相隐退，安度晚年，终老于应地。

　　人心就是这样，就像孔圣人说的"巽与之言，能无说乎"，恭维的话怎么能不让人高兴；相反，忠言就往往逆耳。在上述史实中，蔡泽对范雎的意见虽然有显示自己的功利性目的，但却是一番忠言，将其危险与应变的方式说得头头是道，而范雎虽然开始很不高兴，但在被说服之后，还是能像孔子说的那样"改为之贵"，最终得以善终。

做人要知进退，进退由自己做主

【原文】子曰："譬如为山，未成一篑，止，吾止也。譬如平地，虽覆一篑，进，吾往也。"（《论语·子罕》）

【大意】孔子说："好比积土成山，差一筐土就完成，却停下来了，那是我自己停下来的；好比填土平地，即使只倒一筐土，却在继续，那是我自己在勇往直前。"

《尚书·旅獒》说："为山九仞，功亏一篑。"只差一筐而没有成功，前功尽弃，这是谁造成的？孔子回答：是自己。

同样的道理，我们要填平一块土地，虽然现在才倒一筐土上去，但如果我们锲而不舍地坚持下去，最终定会大功告成，这是谁的功劳？孔子回答：还是自己。

所以说，按圣人的说法，进退成败全在自己，而不是像俗话说的那样："成事在人，谋事在天"或者"进退皆身不由己"。

我们这里且不谈成败，只谈进退。是进是退，心中要有一个衡量的标尺。

周公，姓姬名旦，是周文王姬昌第四子，周武王姬发的弟弟，因其采邑在周，爵为上公，故称周公。

周公曾两次辅佐周武王东伐纣王。武王灭商后不久就去世了，成王幼小，周公怕天下人听说武王去世而背叛朝廷，就登位代成王处理政务，主持国家大权。管叔和他的诸弟在国中散布流言说："周公将对成王不利。"周公就告诉太公望、召公奭说："武王早逝，成王年幼，只是为了完成稳定周朝之大业，我才这样做。"周公主政时，商朝虽然已经灭亡，但是还有很多遗留问题等待处理。分陕而治、二次东征、以藩屏周、卜都定鼎，这一系列的活动为周王朝800年的统治奠定了基础。

周公旦摄政六年，成王已经长大，他决定还政于成王。在还政前，周公作《无逸》，以殷商的灭亡为前车之鉴，告诫成王要先知"稼穑之艰难"，不要纵情于声色、安逸、游玩和田猎。然后"还政成王，北面就臣位"。周公旦归政后，把主要精力用于制礼作乐，继续完善各种典章法规。周公制礼作乐的第二年，也就是周公称王的第七年，周公把王位彻底交给了成王。周公退位后并没有放手不管，他仍也不断向成王提出告诫。

周公致政三年后，在丰地养老，不久得了重病，临终前，周公叮嘱说："必葬我成周，以明吾不敢离成王。"意思是说一定要把我葬在成周，以表示我至死也不能离开成王。"周公既卒，成王亦让，葬周公于毕，从文王，以明予小子不敢臣周公也。"周公死后被葬于文王墓地毕，成王说："这表示我不敢以周公为臣。"

在周公心中，始终有一个信念，就是一切以天下为先。所以他在国家危难的时候，不避艰辛挺身而出，担当起王的重任，积极主政；当国家转危为安，走上顺利发展的道路时，毅然让出了王位，还政成王。周公一生的功绩被《尚书·大传》概括为："一年救乱，二年克殷，三年践奄，四年建侯卫，五年营成周，六年制礼乐，七年致政成王。"周公这种无畏无私、适时进退的精神，始终被后代称颂。

做人的原则不能丢

【原文】子曰："乡原，德之贼也。"（《论语·阳货》）

【大意】孔子说："好好先生是偷道德的贼。"

圣人微言大义，一言以蔽之，倒是孟子对孔子的"乡原"问题作了较为详细的阐发。

在《孟子·尽心》里，孟子引述了孔子所说的："乡原，德之贼也。"学生万幸便问："什么样的人可以叫作乡原呢？"孟子回答："阉然媚于世也者，是乡原也。"换句话说，乡原就是那种一味做事圆滑的人。万幸并不是很理解，于是又问："一乡的人都称他为老好人，他自己也到处都表现得像个老好人，孔子为什么还要说他是偷道德的贼呢？"孟子说："是啊，这种人，你要说他有什么不对又举不出例子来，你要指责他似乎又无可指责。他所做的一切都符合世俗，看起来还很忠信廉洁，很得大家的喜欢。但实际上，他的作为并不合于尧舜之道，所以说他是偷道德的贼。"

说到底，是因为这种好好先生四处讨好，八面玲珑，无论在什么事情上都毫无原则的一团和气，不得罪人，结果使道德原则得不到伸张。又由于他是以老好人的面目出现，不像那些公开的坏人，所以，败坏了道德大家还不觉得，因此像偷道德的贼一样。

这种贼，拿原则做交易，拿工作当儿戏，圆滑世故，处处吃香。

明代冯梦龙在《古今谭概》中讲了一个"好好先生"的故事。说的是东汉末年有个叫司马徽的人，无论别人讲什么事，他一律都回答"好"。久而久之，别人送他一个"好好先生"的绰号。"好好先生"讲面子不讲人格,讲人情不讲原则,认为"坚持原则是非多,碰着硬茬麻烦多,平平稳稳好处多,拉拉扯扯朋友多"。这类"好好先生"所奉行的做人原则和处世哲学就是"好人主义"。

好好先生不但误己,还害人!他是成功的拦路虎,虽然他不凶神恶煞,但却是十足的笑面虎,使我们飘飘然,渐渐丧失进取心,最终一事无成,走向失败。所以,我们要想成功,还必须提防好好先生,不做好好先生。

春秋时期曾是百家争鸣、文化繁荣的昌盛时期。可自秦始皇统一之后,便禁锢压制异己思想,实施愚民政策,谁若敢说个不好,就是连坐、灭门。此后历代君主为了稳固江山,便沿袭了下来,使知识分子只能钻研几本儒学经典来猎取功名,而不敢发出不同声音了。两千多年来的习惯影响至今,就造就了好好先生繁衍生息的沃土。从这个角度看,好好先生的滋生,正是由于儒家学说得不到正常宣扬所致。

好好先生们没有自己的主张,上司说好,他们就说好;上司说不好,他们就忙于论证不好的理由,最后牵强附会,说上司的考虑实在英明。咳,还是一个好。这样的人,没有创造性思维,一贯唯唯诺诺,怎能不远离成功呢?他们的一生只不过是一些头头脑脑的附属品,而庸庸碌碌一辈子。上司兴,他们则兴;上司一倒,他们就树倒猢狲散,另觅新主了。

好好先生不但自己一生远离成功,亦使自己伺候的主子逐渐飘飘然,而偏离成功的航向,最终滑向失败的深渊。上司做出的任何决定,好好先生一概只会说个好,不敢面对真理,一切唯上。怎能不使上司决策失误呢?怎能不使上司骄傲自满?怎能不使上司头昏脑热?

好好先生有这样一个特点,就是唯上是从,吹嘘拍马,缺乏主见,得过且过。问他意见,回答就是一个"好"字。

可这样的人,就是能玩得转、吃得开呢!他们把自己的想法、决断权都交给了别人。自己除了张口说个"好",万事皆由他人做主了,从而懒于动脑,只会盲从,成了奴才。而别人却借机利用这点为所欲为,因为他只听见"好",没人言"不好"啊。

好人主义,就是没有原则,不分善恶,有意以"好"去讨别人欢喜,不敢得罪人。奉行"好人主义"的人，都是多一点私心，少一点公心；多一点俗气，少一点正气；多一点圆滑，少一点原则。

唐朝有个文学家叫苏味道，曾经官居相位，向来处世圆滑，模棱两可，人称"苏模棱"。他对人传授其处世经，叫作"处事不欲决断明白，若有错误，必贻咎谴，但模棱以持两端可矣"。

这种早就为孔子所唾弃的"好人主义"，时至今日，我们中的少数人仍然奉之为宝贝。在工作上，做"铁路警察"，各管一段，事不关己，高高挂起。这样，你好我好，大家都好，一团和气，表面上是"团结"了，可道德呢？良知呢？毋庸置疑，"好人主义"的危害是很大的，好人主义的盛行，使得正气不伸、邪气蔓延、黄钟毁弃、瓦釜雷鸣。

第三章 一以贯之的忠恕之道
——孔子在人际交往中的智慧

"夫子之道,忠恕而已矣。"用这样一句话虽然不能完全涵盖孔子的所有智慧,但它确实体现了人际交往的精髓,即使现在看来仍具很强的指导意义。解读、领悟并将其运用于实践,对于我们现代人建立良好的人际关系有着极其重要的作用。

识忠恕之道，才能懂得交往

【原文】 子曰："参乎！吾道一以贯之。"曾子曰："唯。"子出，门人问曰："何谓也？"曾子曰："夫子之道，忠恕而已矣。"（《论语·里仁》）

【大意】 孔子说："曾参啊！我的学说贯穿着一个基本思想。"曾子说："是。"孔子出去以后，学生们问曾子说："老师的话是什么意思呢？"曾子说："老师的学说，忠恕两个字罢了。"

什么是"忠"？什么是"恕"？

曾子没有说，但孔子自己在别的地方有过解说。

所谓"忠恕"是指孔子待人的基本原则，是一个问题的两个方面，所以孔子说是"一"以贯之，而不是"二"以贯之。

孔子所说的"忠"，是从积极那方面来分析的，他曾经在《论语·雍也》篇里说："己欲立而立人，己欲达而达人。"这句话的意思是：自己要想有所作为，也尽心尽力地让别人有所作为；自己想飞黄腾达，也尽心尽力地让别人飞黄腾达。

孔子在分析"恕"时，是从消极的方面说的，也就是孔子在《论语·卫灵公》篇里回答子贡"有一言而可以终身行之者乎"的问题时所说的，"其恕乎！己所不欲，勿施于人"。自己不愿意的事，不要强加给别人。

总之，"忠恕之道"就是人们常说的将心比心，推己及人。所谓人心都是肉长的，自己想这样，也要想到人家也想这样；自己不想这样，也要想到人家也不想这样。我们今天在中小学生中开展"心中有他人"的活动，从某种意义上说，正是推行忠恕之道。推而广之，所谓"让世界充满爱"，又何尝不是忠恕之道的体现呢？

孔子的中心思想是"仁"。关于这一点《论语·里仁》中表达得最清楚。孔子告诉曾子："吾道一以贯之。"曾子解释得十分准确："夫子之道，忠恕而已矣！"忠恕即为"仁"。忠，是中心，把心放在当中，正是孔子明确地告诉子贡的，"己欲立而立人，己欲达而达人"，这就是"仁"；恕，是如心，将心比心，正是孔子明确地告诉子贡的，"己所不欲，勿施于人"，这就是"恕"。

其实，《论语·颜渊》有一章也是讲这一点，"君子成人之美，不成人之恶；小人反是"。成人之美是忠，不成人之恶是恕；而小人是不忠不恕。在《论语》中，或强调忠，或强调恕，都是一个意思。

人类所最需要的是"关爱人"，是人际关系的和谐，即"仁"，即所谓"孔子智慧"。你看：仁兄，仁人，仁爱，仁义，仁政，仁君，仁义之师，仁风……多得是！

应该说，孔子智慧是一种"爱"的抽象，即东方文化核心的抽象，正确处理人与人、个人与集体、人与社会、人与自然界的关系。更一般地讲，世界的一切，就是"关系"，就是"处理关系"。我们所努力的，就是尽可能正确地去认识关系、把握关系、处理关系；人类社会也逃不出这个"关系"。"关系"和谐，方能存在与发展；"关系"不和谐，必导致灾害，甚至遭到毁灭。

在《论语·卫灵公》里，当子贡问老师有没有一个字可以终身奉行时，孔子回答道："那就是'恕'吧——己所不欲，勿施于人。"

原来，即使在孔子自己的心目中，"己所不欲，勿施于人"也是难以做到的，所以要作终身的努力，可见"恕"道之难。

"仁"是孔子所确立的最高理想人格和道德准则。"忠恕之道"则是为仁的基本原则和方法。"己所不欲，勿施于人"，在孔子的教育思想中居于重要位置。它强调了仁爱之心，又注意到了人我、群己的权界。其间蕴涵的宽容平和与不强加于人的心态，正是人类个体之间、社群之间、种族之间、国家之间，乃至天、地、人、物之间，交互尊重、共存共生的相依之道。他认为人与人之间在利益上是相互依存、不可分割的整体。无论什么样的人物，要想在社会上安身立命，成就一番事业，就必须以他人的生存与发展为前提。因此,孔子断言说:"不仁者不可以久处约,不可以长处乐。仁者安仁,知者利仁。""唯仁者能好人,能恶人。"(《论语·里仁》)

恨人即是恨己,爱人即是爱己。这个意思好比我们在山上呐喊,我们说一声:"我恨你——"回音也是"我恨你";反之,"我爱你——"回音亦然。所以,付出良善,得到的也是同样的回报。

把我当作他人,意在破除自身的执着,达到"无我"的精神境界。做到这一点,首先得有一颗愉快的平常心,就像佛的弟子一样,无欲无求,它的中心做法是同一切功利、是非保持距离,不执一切,欣赏一切。在逆境中不失意,不愤愤不平,不愤世嫉俗。在顺境中不得意、不欢喜,不为别人称赞、颂扬所动,终日行云流水,时时保持生命的安详原态。

一个人,只有把自己当作他人看待,才能正确看待他人,快乐地同他人相处,得到美的感受。正确看待他人,正如欣赏落日的景色一样。我们能够欣赏落日,就在于我们不控制它,不强求它。观赏时我们不会说:"左边角上的橙色该淡些,右边角上的红色可浓些,底下的云彩太黑了!"我们都会任它所具有的形态去接受它,欣赏它。看待他人亦然。对自己,这样的体验有利于身心安详;对别人,则会令人感到舒适愉悦,美自在其中矣。

君子当成人之美

【原文】 子曰:"君子成人之美,不成人之恶。小人反是。"(《论语·颜渊》)

【大意】 孔子说:"君子成全别人的好事,不促成别人的坏事。小人则与此相反。"

成人之美的确是一种高尚的品德。它需要有宽广的心胸,助人为乐的精神。对于患得患失、一切都要算计自己能得到多少好处的人来说,是很难做到成人之美的。

这里还有两种不同的情况。一种情况是,自己好也成全别人好,自己富也成全别人富,自己做什么也成全别人做什么,有钱大家赚,有快乐大家分享。这种成人之美也就是孔子所说的"己欲立而立人,己欲达而达人"。一般人要做到这一点虽然并不容易,但还不算太难。只要心胸宽广一些就不是难事。

另一种情况是,自己活得并不好,简直一贫如洗,却还能够成全别人好,这就太不容易了,不是一般人所能做得到的。

在商品经济时代,商场犹如没有硝烟的战场,竞争激烈。成人之美就更是一种难得的品质了。对于许多人来说,不成人之恶,不去设陷阱让人往里跳是基本准则,在此之上应该努力追求成人之美的高尚风格。

成人之美,就是帮助别人成事或实现其愿望。《西厢记》里的红娘,同情并促就张生与莺莺的爱恋,事发遭难,仍仗义执言,促使有情人终成眷属。《水浒传》里的武松,不平于蒋门神霸占施恩的快活林,行侠仗义,挺身而出,"醉打蒋门神",夺回快活林。这些都可算得上是成人之美的壮举。

每一个人的成功，都需要别人的帮助，苏秦、张仪本是要好的同学，张仪的学问在苏秦之上。可是，苏秦却先成功了，做了大国的宰相，张仪则依然落魄，来投靠苏秦。谁知，竟遭到苏秦的奚落，于是张仪决心单身赴秦，自找出路。苏秦暗中派人沿途照料，补给张仪之所需。直到张仪出任秦相，才明白苏秦是不想张仪依赖他而埋没自己的才干，自然感激不尽。这在当时特定的历史条件下，可谓用心良苦。在电影《张铁匠的罗曼史》中，有这样一组镜头：张铁匠的妻子腊月在濒临饿死的绝境中，被贫穷善良的农民刘忍搭救。以后的日子里，腊月母子与刘忍相依为命，组成了一个"新家"。后来，传说早已死去的张铁匠找上门来了，正当铁匠夫妻忧心忡忡、左右为难之时，刘忍得知来人正是腊月的丈夫，便主动带上铁匠的儿子来认亲爹，让他们全家团聚，而自己悄悄离开北山……

人，都有七情六欲。可是，当得知自己的幸福将以别人的痛苦为前提时，有些人却自愿放弃自己的幸福，这就是他们的高尚精神之所在。

"成人之美"的事，在今天的社会到处都有，如主动替同事值班，使其安心地去会朋友；尽力帮助同学复习功课，掌握知识，使其早日榜上有名；主动帮助一时经济拮据的朋友，使其免除后顾之忧；等等。总之，大凡是好事情、好愿望，你伸出热情的手，予以大力帮助，使之功成事就，都可以说是"成人之美"的"君子"行为，都是得人心、受欢迎的。

识人有绝招

【原文】子曰:"不患人之不已知,患不知人也。"(《论语·学而》)

【大意】孔子说:"不忧虑别人不了解自己,只忧虑自己不了解别人。"

2015年11月7日,国家主席习近平在新加坡国立大学发表的题为《深化合作伙伴关系,共建亚洲美好家园》的演讲中说:"希望中新两国青年发扬'不患人之不己知,患不知人也'的精神,加深对彼此国家历史文化的了解,加深对彼此人生追求的了解,互学互鉴,增进友谊,共当中新友谊的忠实继承者、积极参与者、热心奉献者,成为中新关系发展的生力军。"

别人不了解我,我还是我,于我自己并没有什么损失。所以,"人不知而不愠"。不知道的事情不值得忧虑,更没有必要怨天尤人。相反,我不了解别人,就无法区分贤人和不肖者,然后就不能亲近贤人,远离不肖者,这才是值得忧虑的。所以孔子以"不知人"为患。

其实,在"知人"的过程中,别人也在"知我",双方都在交流中了解彼此。那么在现实生活中,我们如何"知人"呢。先看看古人给我们的启示吧。

诸葛亮在说如何知人时讲到了7种方法:一是要"间之以是非而观其志",在是非曲直之间观察他的志向,看他是否有一个远大理想;二是要"穷之以辞辩而观其变",与他深入辩论来判断他的应变能力如何,是临危不惧,还是惊慌失措;三是要"咨之以计谋而观其识",向他询问计谋,来了解他的谋略与见识,看他是运筹帷幄,还是胸无点墨;四是要"告之以祸难而观其勇",告诉他大难临头,看看他的胆量,是威武不屈,还是束手就擒；五是要"醉之以酒而观其性"，让他喝醉酒，看看他是不是酒后无德；六是"临之以利而观其廉"，用利禄去打动他，看看他是不是为利所动，利欲熏心；七是"期之以事而观其信"，让他去完成一件事情，看看他是否能言行一致，讲求信义。

有了理论指导，那么再看一个实例吧。

曾国藩是晚清扶危救难的中兴名臣，是中国洋务运动的领袖。在长期的历练中，他逐渐形成了一套独特的识人用人的方法，发现了一匹匹千里马。

有人向曾国藩推荐了三个年轻人，曾国藩与他们相见、交谈。交谈时的情形各不相同：一人与曾相谈甚欢，一人很少说话，另外一人与之交谈时偶有顶撞。

最终让人出乎意料的是：与曾相谈甚欢的那人，曾国藩并没有委以重任，只让他做了一个有职无权的虚职；很少说话的那人被派去管钱粮；而那个偶有顶撞的人被派去军队效力，重点培养。

对这三个人的任用，有人向曾国藩提出了异议。对此，曾国藩是这样解释的：原来在等待接见前，曾国藩就发现三个年轻人的举止不一样。第一个年轻人东张西望，用心打量大厅里的摆设；交谈时，有意投其所好。在曾国藩看来，此人善于投机钻营，有才无德，不足以委以重任。第二个年轻人唯唯诺诺，过分谨慎，沉稳有余，魄力不足。第三个年轻人在等待时，不焦不躁，仰头望云，有一份难得的从容淡定，有大将之风；更为难得的是，面对显贵，不卑不亢，敢于说出自己的看法，甚至据理力争，这可是少有的将才，难得的千里马啊！

曾国藩的识人之法后来得到印证，那个仰头望云的年轻人，在征战中脱颖而出，受到军政界的关注，他就是台湾首任巡抚刘铭传。

交往要保持一定的距离

【原文】 子游曰："事君数，斯辱矣；朋友数，斯疏矣。"（《论语·里仁》）

【大意】 子游说："服侍君主太频繁琐碎，反而会招来羞辱；与朋友相交太频繁琐碎，反而会遭到疏远。"

季子然问孔子做大臣的事，孔子说："所谓大臣者，以道事君，不可则止。"（《论语·先进》）

子贡问孔子交朋友的事，孔子说："忠告而善道之，不可则止，毋自辱焉。"（《论语·颜渊》）

两方面合在一起，正是子游所说的："事君数，斯辱矣；朋友数，斯疏矣。"

说起来也是人各有志，不能勉强。君臣之间也好，朋友之间也罢，保持一定的距离反而会走向真正的和谐。所谓"远香近臭"，所谓"君子之交淡如水"，其实都有这种意思。

比如说，作为下级，作为朋友，你当然有义务劝谏你的上级、你的友人，但如果他们不听，不采纳你的意见，那也就算了。你的话说到了，义尽到了，有什么办法呢？如果你硬要一厢情愿地强迫他们接受你的意见，非要显示自己的忠心，显示自己的友情不可，每次见了面就唠唠叨叨，情急辞切，给人咄咄逼人的感觉，其结果是上级讨厌你，朋友疏远你，效果适得其反，弄得不好，还会自取其辱。

这方面的例子在历史上多得很，就是魏徵那样杰出的大臣，又遇到唐太宗那样宽宏大量的皇帝，不也好几次因为劝谏唐太宗而差点丢掉性命吗？遇到那些昏庸的皇帝，即使忠臣拼死一谏，也不外乎是白丢性命一条罢了，根本不起作用。所以，还是保持一点距离为好。

朱元璋做了皇帝之后，他从前的苦难朋友从乡下赶来找他，希望能有个官做。见到皇帝后，他说："微臣当年随驾扫荡芦花府，打破罐州城，汤元帅在逃，拿住豆将军，红孩儿当关，多亏了菜将军。"朱元璋听后，很是高兴，隐约回忆起小时候的事情，就立刻封他做了大官。这个消息被朱元璋的另一个苦难朋友听说了，也想去讨个一官半职。和朱元璋一见面，就把朱元璋给人放牛、偷人家豆子并被豆子卡住喉咙的事给抖了出来，"那时候咱俩都给人家放牛。有一次我们在芦苇荡里，把偷来的豆子放在瓦罐里煮着吃。还没等煮熟，大家就抢着吃，把罐子都打破了，撒下一地的豆子，汤都泼在泥地里。你只顾从地下抓豆子吃，结果被红草根卡住喉咙。还是我出的主意，叫你吞下一口青菜，才把那红草根带进肚子里……"朱元璋气得大叫，"推出去斩了！！！"

同样一个事情，两个人用不同的话说出来，出现了不同的结果，原因就是第二个人没有看清自己和皇帝之间的距离。以前朱元璋和伙伴们一起给地主家放牛，大家处在同等的地位，是亲密的伙伴。而现在朱元璋是万人之上的皇帝，如果还以伙伴的关系讲话，讲得还是以前的糗事，肯定就会出问题。而那个当了大官的伙伴，开口就表明"微臣"的地位，与皇帝拉开了距离，既形象的说明了事情，又体现了对皇帝的尊敬，当然令龙心大悦。

己所不欲，勿施于人

【原文】子贡问曰："有一言而可以终身行之者乎？"子曰："其恕乎！己所不欲，勿施于人。"（《论语·卫灵公》）

【大意】子贡问道："有没有一句话可以终身奉行的呢？"孔子说："那就是恕道吧！自己不愿意做的事，也不要强加给别人。"

在《论语·里仁》篇里孔子对曾子说"吾道一以贯之"时，曾子曾概括"夫子之道，忠恕而已矣"。可见，孔子把"恕道"作为"夫子之道"的一个重要方面。

在《论语·颜渊》篇里，当仲弓问孔子什么是仁时，孔子也把"己所不欲，勿施于人"作为仁的一个重要组成部分。

在本章中，孔子又再次把"己所不欲，勿施于人"的"恕道"作为终身奉行的座右铭推荐给他的得意弟子子贡。

人们遇事常说："将心比心。"这实际上正是在推行"己所不欲，勿施于人"的恕道。

问题在于，世道人心，每每都是反其道而行之。有些人遇到自己不想做的事，就想让别人去做；自己不想要的东西，就巴不得卖给别人。相反，自己想做的事，自己钟爱的东西，就不那么愿意与别人分享了。所以，不是"己所不欲，勿施于人"而是"己所不欲，千方百计施于人"或"己所欲，勿施于人"。之所以会如此，其根本原因在于凡事都很少为他人着想，而是为自己着想，说到底还是一个私字在作怪。

其实，我们还看到，在《论语·公冶长》篇里，子贡自己曾经说过："我不欲人之加诸我也，吾亦欲无加诸人。"这正是"己所不欲，勿施于人"的意思。当即孔子就说:"子贡啊,这不是你做到了的。"可这里又要子贡终身这样做。这一方面说明"己所不欲,勿施于人"很重要,另一方面又说明它的确很难做到,就连孔门的得意弟子子贡也如此。所以,"己所不欲,勿施于人"实际上是孔门儒学中的顶上功夫之一,也就是我们在前面所说过的"恕道"之难,难于上青天!

青天虽不能上,但心向往之,努力追求还是可以的。

孔子在政治、经济和哲学思想上,始终贯穿着一个推己及人的思想方法,这就是儒家常说的恕道。做一切事情都必须从自身开始,自身是根本。达到仁的办法是近取诸身,知道自己所需要的,从而体会到别人之所需。以己欲之私而行全人之公,这就达到了"仁"。由此可知,"仁"是体,"恕"是用。

"恕道"是合乎人的心理规律的。儿童在心智刚启很难明白事理时,往往已能体会"将心比心,推己及人""己所不欲,勿施于人"的道理。五六岁的幼童打人,你若对他说:"别人打你,你愿意吗?"多半会自觉不妥而住手,效果自然比讲君子动口不动手之类的大道理好得多。

"恕道",用现实的话讲,就是对任何事情要客观对待,时常想到我所想要的,他也会想要。有些人对别人处理的事,常有不满意的地方。说实话,如果让他自己去处理,不见得比别人好。一般人都有对别人要求很高的心理,希望家人、朋友、同事没有缺点,什么都好。这样去要求别人,是一种自私的表现,因为它完全以自己的看法和需要为出发点。怎样去掉这种完全的自私心呢?可以用"恕"。

子贡是孔子最有才干的学生之一,他向孔子请教人生修养的道理,孔子就答复出这个恕道。孔子对子贡的答复是有切实的针对性的,对子贡这种才高的人来说,这确实是一句可以终身行之而受益的话。才高的人,懂得比别人多,往往自视甚高,最容易犯不能饶恕别人的毛病,看到别人犯错误就难以容忍,指手画脚地告诉别人应该怎么做,不该怎么做,结果妨碍了别人,惹人讨厌。"恕"在生活中施行起来是很困难的,人们常会犯这个错误。但只要有仁之存心,恕道终是能行的,人们就可以在实现自我时,因尊重自己的存在价值而尊重他人的存在价值,因考虑自己的利益和要求而考虑他人的利益和要求，甚至为满足他人的需要而牺牲自己的利益。来看一个故事。

有一年的愚人节，美如心血来潮，一早打了个电话给晨晨。

电话一接通，美如兴奋地说："祝你生日快乐。"

"什么？你搞错了，今天不是我的生日。"晨晨的声音有一丝不悦。

"没错！你看看日历，祝你生日快乐！"美如兴奋依旧。

晨晨一看，4月1日，怒气冲冲地骂了一句："无聊！"用力挂上电话。

美如一时反应不及，心想晨晨怎么这么没有幽默感？经不起一个小小的玩笑。

上班后，美如接到一大束红玫瑰，卡片上写着："晚上7点巧力西餐厅见，知名不具。"她心中雀跃不已，想男朋友哪来的好兴致。

7点一到，美如准时抵达餐厅，却迟迟不见男友阿忠的影子，八成塞车了，再等他半个小时。"这个死阿忠，来了有你好看的。"美如最恨人家迟到，她发誓一定会让他死得很难看。

7点半到了，阿忠依然没有来，美如决定自己先吃了。菜端上来，吃了两口，有个人姗姗来迟。

"小美，饿成这个样子，不等我，自己先吃了起来。"阿忠一脸疼爱的笑容。

美如不理他，径自品尝桌上的美食。

"生气了啊？我迟到了吗？"阿忠看了一下手表，"没有哇！才7点53分。"

"还说没有，你和我约7点，现在才到，你不觉得可耻吗？"

"我和你约7点？哪有的事，是你传真给我说8点到巧力西餐厅，不然你自己看。"阿忠从口袋里掏出一张纸递给美如。

"什么？传真？我没传什么东西给你呀！这是什么？该不会是你捏造的吧？你该不会说你没有送我花、送我卡片吧？"

"我……"阿忠真是哑巴吃黄连。

正当两人为此事僵持不下时，服务生递来一张卡片——

"阿忠、美如，愚人节快乐！最佳损友晨晨上。"

美如气疯了，晨晨怎么可以用如此卑劣的手段报复？但事实上，如果不是她先搞恶作剧，又何至于收获狼狈呢？

人都有属于自己的一套处事方法，这个方式受到家庭、后天的影响甚多，因此也就会存在差异。通常和自己类似的人，处事方式会比较接近，个人价值观、共同点也比较多，于是我们便常看到一群"志趣相投"的人聚在一块儿。

但即使再相似的朋友多少也会有冲突，难免会有大大小小的不愉快，很多时候是因为我们把自己的行事准则、想法套用在别人身上。

没错，"己所不欲，勿施于人"，这虽然是消极又保守的态度，但至少有一个普遍的认知，我们不喜欢人家怎么待自己，就不要以同样的方式去对待别人。像美如在愚人节的一个小玩笑却惹火了晨晨，引来一个完整的报复计划，而且晨晨算准了一定会惹火美如，让她得一个教训。

现实的情况告诉我们，"己所不欲，勿施于人"是一个基本态度，它讲的是普遍的价值观。我们都不喜欢朋友利用我们，那我们也不要去利用朋友；我们都讨厌别人说谎，那我们也不要说谎；我们不喜欢别人批评我们，那我们也不要妄自批评人家；我们不喜欢朋友看轻我们，那我们也不要看轻朋友……

用心地对待每个人，用心去了解每位朋友的想法和喜好，才会避免表错情，从而赢得友谊。

雪中送炭，好过锦上添花

【原文】 子华使于齐，冉子为其母请粟。子曰："与之釜。"请益。曰："与之庾。"冉子与之粟五秉。子曰："赤之适齐也，乘肥马，衣轻裘。吾闻之也：君子周急不继富。"（《论语·雍也》）

【大意】 公西赤出使齐国，冉有替公西赤的母亲请求小米。孔子说："给他六斗四升。"冉有请求增加一些。孔子说："再给他二斗四升。"结果冉有竟给了他八百斗。孔子说："公西赤到齐国去，坐的是肥马驾的车辆，穿的是又轻又暖的皮袍。我听说过：君子周济急需而不给富人添富。"

这一段的背景，大概是孔子当政为官的时候，所以才有学生公西赤到齐国去做大使，才有孔子拨给他安家口粮的问题。而学生冉有大概是在做总管一类的角色，居然"一朝权在手，便把令来行"，不顾老师的意见，一下子给了亲密的公西赤母亲远远超过老师规定的安家口粮。值得我们注意的是，孔子并没有为此而大发雷霆，也没有撤职查办冉有，而只是语重心长地说："公西赤到齐国去会过得很好，完全有能力负担他母亲的生活，因此，我们没有必要为他锦上添花了，而要去周济那些穷困的人，为他们雪中送炭。"

这就是所谓的"求人须求大丈夫，济人须济急时无"。

锦上添花的时候，别人可能也就报之以一笑，甚至仅仅是记得有你这么个人。而雪中送炭则不一样，一个人陷入困境之时，是最需要人帮助的时候，如果你对他伸出援手，他会感激你一辈子。汉代名将韩信在落魄时，曾受漂母一饭之恩，韩信封侯后，回报漂母一千金；吕不韦对在赵国为质子的异人施以援手，异人即位后报以封侯拜相。

孔子公开课

东汉献帝建安三年（公元198年），周瑜在军阀袁术部下为官，为居巢（今安徽桐城）长，就是当地的县令。这时候地方上发生了饥荒，年成已经很坏了，兵乱间又损失不少，粮食问题日渐严峻起来。居巢的百姓没有粮食吃，就吃树皮、草根，活活饿死了不少人，士兵也饿得失去了战斗力。周瑜作为父母官，看到这悲惨情形十分忧心。

有人献计，说附近有个乐善好施的财主鲁肃，他家素来富裕，想必囤积了不少粮食，不如去向他借。

周瑜带上人马登门拜访鲁肃，刚刚寒暄完，周瑜就直接说出他此行的目的——借粮。

鲁肃看周瑜这个父母官忧心百姓，而且坦诚相待，不仅马上就答应了他，而且直接带着周瑜去查看粮仓。当时鲁家存有两仓粮食，各三千斛，鲁肃指着一仓粮食，痛快地说："我把其中的一仓送给你吧！"

周瑜及其手下一听他如此慷慨大方，都愣住了，要知道，在饥馑之年，粮食就是生命啊！周瑜被鲁肃的言行深深感动了，俩人从此结为好友。后来周瑜当上了将军，他牢记鲁肃的恩德，将他推荐给孙权，鲁肃终于得到了成就事业的机会。

雪中送炭、锦上添花都可落得人情，但它们的价值却有天壤之别。雪中送炭可以把人拉出火坑，使人走出困境。犹如在即将渴死于沙漠中时，别人给送来了一口救命甘泉一样。就内心感受来说，给濒临饿死的人送一个馒头和给富贵的人送一座金山，是完全不同的。

有美德才会有朋友

【原文】子曰:"德不孤,必有邻。"(《论语·里仁》)

【大意】孔子说:"有道德的人不会感到孤单,一定会有同志和朋友。"

一个人有了美德,自己就不会感到孤单,会有很多朋友。人不能把自己孤立起来,真正的有德之人是生活在人群中间;有德之人的朋友遍布天下。这就是孔子讲的仁义,即爱己就是爱人,仁义就是大家好,仁义就是快乐。

孔子说的朋友,是没有血缘关系的兄弟式朋友,这种朋友关系是义结关系,亲如手足,胜似亲兄弟。不是"相煎何太急"的曹丕、曹植,而是"不能同日生,但愿同日死"的桃园三结义的刘关张式的兄弟关系。

据《说苑·杂言》记载,孔子也曾说过,行为合于仁义礼节,千里之外都是兄弟,否则,就是两人对门而坐也不相往来。

只要你有美德,四海之内又何愁没有像兄弟一般的好朋友呢?

做人必须懂得朋友之道。大家都明白,众多的朋友往往是最有利于我们开创事业的资本。现在有多少功成名就的人,当初如果不是朋友的鼓励而使得他们牢牢地坚守自己的阵地,恐怕早已在他们创业生涯中的某些危急时刻放弃奋斗、偃旗息鼓了!如果生活中没有友谊的话,我们的生命将是一片荒芜贫瘠的沙漠!

美国作家杰克·伦敦的童年贫穷而不幸。14岁那年,他借钱买了一条小船,开始偷捕牡蛎。可是,不久之后就被水上巡逻队抓住了,被罚去做劳工。杰克·伦敦抽空子逃了出来,从此便走上了流浪水手的道路。

两年以后,杰克·伦敦随着姐夫一起来到阿拉斯加,加入了淘金者的队伍。在淘金者中,他结识了不少的朋友。这些朋友中三教九流什么样的人都有,而大多数都是美国的劳苦大众,虽然生活困苦,但是在他们的言行举止中充满了活力。

这其中有一位来自芝加哥的中年朋友叫坎里南,他的美德和辛酸的经历一样令杰克·伦敦感动。杰克·伦敦视他为最好的朋友,经常与坎里南在月光下的乱石堆里聊天,听他讲故事。杰克·伦敦常常被感动得潸然泪下。而这更加坚定了杰克·伦敦心中的一个目标:写作,将淘金者和社会底层人的生活用小说介绍给世人。

在坎里南的帮助下,杰克·伦敦利用休息的时间看书、学习。4年后,23岁的杰克·伦敦发表了处女作《给猎人》,接着又出版了小说集《狼子》。这些作品都是以淘金工人的辛酸生活为主题的,因此,赢得了广大中下层人士的喜爱。杰克·伦敦渐渐走上了成功的道路,著作的畅销给他带来了巨额的财富,这些荣誉和财富也凝聚着他的朋友坎里南的心血啊。

刚开始的时候,杰克·伦敦并没有忘记与他共患难同甘苦的淘金工人们,正是他们的生活给了他灵感与素材。他经常去看望他的穷朋友们,一起聊天,一起喝酒,回忆以往的岁月。

但是,后来杰克·伦敦的钱越来越多,他对于钱也越来越看重。他甚至公开声明自己只是为了钱才写作。杰克·伦敦开始过起豪华奢侈的生活,而且大肆挥霍。与此同时,他也渐渐地忘记了那些穷朋友。

有一次,坎里南来芝加哥看望杰克·伦敦,可杰克·伦敦只是忙于应酬各式各样的聚会、酒宴和修建他的别墅,对坎里南不理不睬,一个星期中坎里南只见了他两面。

坎里南头也不回地走了,杰克·伦敦的淘金朋友们也永远地从他的身边离开了。

离开了生活,离开了写作的源泉,杰克·伦敦的思想枯竭了,他再也写不出一部像样的作品了。于是,1916年11月8日,处于精神崩溃和金钱束缚中的杰克·伦敦在寓所里用一把左轮手枪结束了自己的一生。

朋友是你的依靠,友谊是你人生的资本。而要想得到朋友的真心、友谊,必须用自己的美德打动他们。

法国著名诗人薛曼曾经写过一首诗，给朋友以高度的评价：

"这是我生命中令人喜悦的发现，在旅途的每个转弯处，都有位朋友用强壮的手臂，亲切地分担我的重担，助我向前。既然我无黄金作为回赠，便只有以爱作补偿。我唯一的祈求是，当我还活着的时候，上帝让我配得上我的朋友。"

"朋友，他会在你困难时雪中送炭，在你春风得意时锦上添花，朋友是夏天的凉风，是严冬的阳光……"

当然，从某种意义上来说，朋友也是一种财富，而且是最大的财富。他可以助你走上坦途，也可以助你赢得百万家财。虽然真正的友谊是绝对不能够用金钱来衡量的，既便是从最功利的角度来看，他的确可以做到这一点。朋友对于事业的成功或失败有着举足轻重的作用。

再有一个例子是关于维克多连锁店的故事。

维克多从父亲的手中接过了一家食品店，这是一家古老的食品店，很早以前在当地就很出名了。维克多希望它在自己的手中能够更加壮大。一天晚上，维克多准备早点儿关上店门，以便收拾行装第二天和妻子一起去度假。突然，他看到店门外站着一个年轻人，面黄肌瘦、衣衫褴褛、双眼深陷，是个典型的一个流浪汉。

维克多是个热心肠的人。他走了出去，对那个年轻人说道："小伙子，有什么需要帮忙的吗？"

年轻人略带点腼腆地问道："这里是维克多食品店吗？"他说话口音带着浓重的墨西哥味儿。"是的。"

年轻人更加腼腆了，低着头，小声地说道："我是从墨西哥来找工作的，可是整整两个月了，我仍然没有找到一份合适的工作。我父亲年轻时也来过美国，他告诉我他在你的店里买过东西，喏，就是这顶帽子。"

维克多看见小伙子的头上果然戴着一顶十分破旧的帽子，那个被污渍弄得模模糊糊的星字形符号正是他店里的标记。"我现在没有钱回家了，也好久没有吃过一顿饱饭了。我想……"年轻人继续说道。

维克多知道眼前站着的人只不过是多年前一个顾客的儿子。但是，他觉得应该帮助这个小伙子。于是，他把小伙子请进了店内，让他饱餐了一顿，并且还给了他一笔钱，让他回国。

不久，维克多便将此事淡忘了。过了十几年，维克多的食品店生意越来越兴旺，在美国开了许多家分店。他想向海外扩展，可是由于他在海外没有根基，要想从头发展也是很困难的。为此维克多一直犹豫不决。

正在这时，他突然收到一封从墨西哥寄来的信，寄信人正是多年前他曾经帮过的那个流浪青年。

此时那个年轻人已经成了墨西哥一家大公司的总经理，他在信中邀请维克多来墨西哥发展，与他共创事业。维克多真是喜出望外。有了那位年轻人的帮助，维克多很快在墨西哥建立了他的连锁店，而且发展得异常迅速。

这两个例子告诉人们，有美德，就会有朋友，失去美德，就像生活失去了阳光，自然也会失去朋友。失去了朋友，便会陷入无助的荒漠，得不到帮助，得不到爱抚，最后便会在孤独中绝望地死去；修养自身的品德，珍惜友谊，哪怕只是偶然结识的朋友，也会让你充分享受到人生的温暖，取得事业的成功。

信任是可以融化万物的阳光

【原文】 子张问行。子曰:"言忠信,行笃敬,虽蛮貊之邦,行矣。"(《论语·卫灵公》)

【大意】 子张问怎样才能使自己通达。孔子说:"说话忠诚守信,行为笃实严谨,即使到了边远的部族国家,也能够通达。"

孔子的意思其实也很简单,就是要求子张把"忠信笃敬"作为座右铭"印在脑子里,溶化在血液中,落实在行动上"。做到这一点,就可以去天下任何地方。

对于处理很多事情来说,人与人之间的信任是前提。做君王如此,就是做一个单位的干部、一家公司的老板,也同样是如此。当你的部下对你缺乏信任时,会质疑你的命令;相反,只要他信任你,认为你有能力担起这份责任,你的所作所为是为集体好,则你随便分配他做什么,他都不会心存芥蒂,而会主动积极地去完成。你对上级也是同样的道理。所谓"交浅不言深",如果上司怀疑你的能力,就不会给予你合适的工作;当然,如果上司信任你,那就是另一回事了。

总而言之,信任的确是前提。一个人对上对下都能取得信任,那他多半会比较顺当,相反,则可能做得很累很苦。

中国传统文化中有这么一句话:"见人只说三分话,未可全抛一片心。"所以,长期以来人与人心灵之间隔着一道栅栏,特别是男女之间更是"授受不亲"。在生活中,我们常看到人们总喜欢戴着面具生活,能真诚给人以信任、敞开心胸的人委实太少。

有一位在省里颇负盛名的诗人,一次旅游外出,在武夷山偶遇一位妙龄小姐，大概因为武夷秀美的景观与这位小姐的容貌打扮天然和谐地融为一体，或许还因为按诗人所说的话是"脱出轨道的内心的冲动"，他竟然在游客如织的道路上，走向前去当面赞美她："你真美啊，小姐！简直是一位从武夷山神女峰上飘下来的仙女！"

同行的朋友们都为诗人的冒昧捏一把汗，他们都认为诗人不被对方痛斥一番才怪哩。现代人都比较谨慎，通常情况下，在熙熙攘攘的人群中如果你不小心碰到一个陌生姑娘，上前赞美对方，轻则遭白眼，重则会被当作流氓痛责。

可是眼前这一幕却出人意料，那姑娘停住脚步，面带迷人的微笑，对他道一声"谢谢"，颔首示意。在姑娘正要转身离去的瞬间，诗人又抢前一步："小姐，我能知道你的地址与芳名吗？"

在我们看来，诗人简直有点得寸进尺，大概是吃错药了。可那位姑娘还是那么娴静平和，微笑地盯着他看了一会儿，从提袋里取出一张名片来，"好吧，这是我的名片。请多关照。"

诗人欢天喜地拿着名片回到同伴队伍中来，名片上赫然印着小姐的芳名与地址及电话号码，原来是省城某公司的公关小姐。

那一刻，同行中所有的人都被小姐绰约大方的风姿给迷住了。

后来那位诗人谈及此事说，他们已经是很好的朋友了。他说他很少见到这种女性，第一次和她约会时，见她如期而至，他感动得差点落下泪来，那是一种被信任的喜悦。"她各方面的修养都很好，喜欢听古典音乐，对新诗也有自己的见解。我们在一起时很愉快，一起喝茶、聊天，不过仅此而已。她已经有自己的心上人了！"诗人感叹了一句，不知是自豪还是因为惆怅。

如果这个世界上能多一些信任，就如禾苗获得雨露和阳光一样。

信任别人，让别人经常感受到你的暖意，你的魅力就会随之增强，甚至可以改变别人，重铸一个新人。

一位优秀教师曾教过一名有过"扒窃"前科的学生，她用爱心打动他，让他参加学校里的一切活动，增强他的自信心，还让他兼任学校保卫委员，甚至将自己家房门的钥匙交给他保管。这个学生没有辜负老师的信任，一改旧习，学习与品德都堪称优秀。

这位教师有句名言："当你还不了解他，首先你得去信任他！"

信任的境遇，造就值得信任的人，造就有信任能力的人。这种人由自身的辐射，又扩展了更多信任的空间。这是一种良性循环。

第三章 一以贯之的忠恕之道——孔子在人际交往中的智慧

不念旧恶，不记旧仇

【原文】 子曰："伯夷、叔齐不念旧恶，怨是用希。"（《论语·公冶长》）

【大意】 孔子说："伯夷、叔齐不记过去的仇，因此别人对他们的怨恨很少。"

俗话说："退后一步天地宽。"过去有人对不起自己，但毕竟已经是过去的事了。过去的就让它过去吧！潇洒一点儿，不怀恨在心，和别人之间的仇怨也就因此而消失了。

不然的话，冤冤相报何时了？大家都处处设防，永远没有安宁的一天。所以，对人宽容一点儿吧，不要老是一副苦大仇深的样子。

从统御术角度来看，作为领导者更应当做到不计前嫌。这既是领导者所应有的修养和品质，是虚怀若谷的反映，又是领导者发现和使用人才的方法。只有做到不计前嫌，才能发现、挖掘出更多的人才，才能留住人才，不使之流失。

不计前嫌还具有心灵感化的作用，是以礼对待非礼，以仁对待非仁，达到人与人之间心与心的感化、激励，能使人才和领导者之间建立起相互信任、极度亲密的私人关系。无论在以仁、义、忠、信为表征的道德至上的社会氛围中，还是在以法律规范、行政命令为表征的法律至上的社会氛围中，不计前嫌，作为一种交往的智慧都有其存在价值。

齐桓公不计前嫌，任用管仲就是一个典型例子。

管仲出身低贱，年轻时三次求官被逐，后经自己努力为齐襄公之弟公子纠的辅臣，在公子纠与公子小白争夺王位中，管仲率军到莒边界阻拦公子小白归国登基。管仲赶到边境正遇到公子小白一行朝齐国赶去，管仲心中发急,便暗暗拿出了箭,对准公子小白射了一箭,可是箭只射中了小白衣服上的带钩,没有伤着身体。小白假装中箭,大叫一声,倒在车上,然后日夜兼程回到国内,成为国君,就是齐桓公。齐桓公即位后便叫鲁国把管仲送回齐国。归国后,齐桓公放下私仇,不计前嫌,拜管仲为相国,地位在自己的辅臣鲍叔牙之上。齐桓公得到管仲的辅佐,励精图治,终于登上了霸主地位。

唐太宗李世民刚即位的时候,有人告发魏徵,说他在当初李世民同兄弟争权的时候,曾多次劝说李建成早定计划下手杀害李世民。

李世民听了,立刻派人把魏徵找来,板起脸问他说:"你为什么要在我们兄弟中挑拨离间?"

魏徵面不改色,很从容地说:"太子(李建成)如听我的话,不会遭今天杀身之祸。"

太宗非常佩服他的胆识和忠诚,认为魏徵是个贤才,不仅没生气,反而把魏徵提拔为谏议大夫,后来直至丞相。另外,还选用了一批李建成、李元吉手下的人做官。

原来跟随李世民的官员都不服气,背后嘀咕说:"我们跟随秦王多少年,现在他当了皇上封官拜爵,反而让仇人先沾了光,这算什么规矩?"

宰相房玄龄把这番话告诉了唐太宗,唐太宗笑着说:"朝廷设置官员,为的是治理国家,应该选拔贤才,怎么能拿老关系当作选人的标准呢?如果新来的人有才能,老的没有才能,就不能排斥新的,任用老的啊!"

近朱者赤

【原文】 子曰:"里仁为美。择不处仁,焉得知?"(《论语·里仁》)

【大意】 孔子说:"居住在有仁德风气的地方是美好的。选择住处而不选在有仁德风气的地方,怎么能说是明智呢?"

"昔孟母,择邻处。子不学,断机杼。"(《三字经》)"孟母三迁"的故事已经是妇孺皆知的了。其实,它正好以生动形象的方式表达了孔子"里仁为美"的思想。

荀子说:"品质高尚的人居住一定要选择地方,交游一定要选择朋友,这是为了远离歪风邪气而接近仁义道德。"

讲的依然是"里仁为美"的意思。

为什么"里仁"是美的呢?原因是近朱者赤,或者说是环境对人的成长是有很深的影响的。

晋朝大臣傅玄是个品学兼优的人,为人正派,很受皇帝敬重,于是被请来做太子的老师。皇帝请求他不仅教太子如何做学问,更重要的是教太子如何做人,如何将来做个好皇帝。

太子府里的人很多,除了宫女、太监外还有大批为太子办事的官员,但是真心对待太子的人却不多。他们大都是为了讨好太子,以求将来太子登基后赏他们一官半职。当时太子年纪尚轻,喜欢玩耍,不喜欢读书。在傅玄来之前,也请了几个老师来教太子,可是这些老师不敢严格要求太子,太子想玩就放他出去玩,偶尔太子还以捉弄老师为乐。而太子身边的太监、侍从们就成为太子的"忠实"拥护者,太子想干什么就干什么。傅玄来了以后,虽然在功课上严格要求太子,可是太子贪玩的心没有收回来，老师一走就又胡闹起来。傅玄几次上课的时候都发现太子在玩耍，丝毫没有明君的风范；而且傅玄还发现太子身边的人总是唯太子马首是瞻，一味的奉承他，夸奖他，即使太子做得不好，侍从们也违心说好。傅玄看了这一切心里十分忧虑，心想：皇上把教导太子的重任交给我，我不能辜负皇上的厚爱，太子在这样的环境中是很难学好的，我必须让他意识到事情的严重性啊！

一天，傅玄在给太子讲课的时候讲到："要想做一个好人，做一个好皇帝，一定要接近正派的人。如果常接近朱砂，就一定被染红；而常接近墨水就会被染黑。对自己一定要严格要求，行为要端正，只有这样，周围的人才会跟你学，正派的人才会聚拢到你的身边。譬如，声音清亮，回声就一定甜美；自己站的直，影子就一定不会斜。"太子听不太明白，问傅玄到底想要说什么。傅玄继续解释说："您如果亲近正人君子，那么符合道义的话就会听得多，自己的行为就会逐渐符合规范和准则。倘若您多亲近小人，那就有如进入卖鱼的市场，在里面待的时间久了，您就不觉得臭了。"太子听后，陷入了沉思，想想自己平时不学无术，就知道任性玩耍，而身边却没有一个人敢像老师一样直言劝诫，心中不由得感叹自己的确做错了。

欧阳修是北宋著名的文学家、政治家。他在颖州当长官的时候，手下有一个名叫吕公著的年轻人。有一次，欧阳修的好友范仲淹路过这里，便到他家中拜访，欧阳修邀请吕公著一同待客。席间，范仲淹对吕公著说："你能在欧阳修身边做事真是太好了，你应该多向他请教作文写诗的技巧。"此后，在欧阳修的言传身教下，吕公著的写作技巧提高得很快。

"入芝兰之室，久而不闻其香。"环境潜移默化地影响人，所以我们要重视环境的影响力，主动去接触好的环境，让自己往好的方向发展。

第四章　成大事也有捷径
——孔子做学问与做事的诀窍

做事有无诀窍？成事有无捷径？

这是很多人都很感兴趣的问题。对此，孔夫子给出的答案是：有。

但是孔子所谓的"有"并不是一步登天，并不是一夜暴富。他所说的"有"只是我们要知道做事、成事的关键点，懂了这些，就是走了捷径，就掌握了诀窍。

要在行动上见功夫

【原文】 子贡问君子。子曰:"先行其言而后从之。"(《论语·为政》)

【大意】 子贡问孔子怎样才是君子。孔子说:"行动在先,说话在后。"

真正的君子,就是要少说空话,多做实在的事情。也就是"敏于事而慎于言",凡事先做起来,然后再说,把实际行动放在言论的前面,不要光吹牛不做事,夸夸其谈。

语言的巨人,行动的矮子。这是圣人所不提倡的。

经常把自己业绩超群的事挂在嘴边人吹人擂,或不断拿它去炫耀,这就嚣张过分了,应该有所克制。

很多刚走上工作岗位的人,不懂得这个道理,往往希望从一开始就引人注目,夸耀自己的学历、本事、才能。这样做的后果是别人相信你,形成心理定势之后,如果你工作稍有差错或失误,往往就被人瞧不起。试想,如果一个本科生和博士生做出了同样的成绩,人家会更看重谁?人家会说本科生了不起。你博士生的学历高,理应能力强些,可你跟人家一样,有什么了不起的?心理定势是难以消除的。所以,刚走上工作岗位或新的岗位的人,应少说多做,当你只管行动不夸海口时,你会因一点成绩一鸣惊人。如果交给你一项工作,你说"我保证能够做好!"几乎和说"我不会"一样糟糕,甚至更糟糕。你应当说:"让我试试看。"结果你同样做得很好,可得到的评价会大不相同。

某高校,一个系里有两位成果颇丰的青年教师,一个爱吹嘘自己的成就,逢人便说自己又发表了几篇文章,学术成就有多高;另一个人几乎总是回避关于这个问题的提问,或者轻描淡写地说不多、不怎么样。其实两个人在各自的学术领域里都已崭露头角，而后者的文章经常成为学术界评议的对象，但他始终不吹嘘炫耀自己。结果，两个人都抱着一摞杂志到系里申报职称，别人却说："你整天吹嘘炫耀自己发表了多少多少文章，按数目来说应该远远超过这些了，怎么才这么点儿。看看人家，平日一声不响，谁能想到他会发表这么多文章呢？"尽管两人发表文章的数量差不多，但后来还是第二个人先晋升了。

要掌握好不吹牛但也不谦虚过度的尺度，一是要看时间，决不要逢人就说自己如何如何厉害，也不要遇事就往后缩，一般情况下，谦虚一点儿好。二是要看场合，同事见面、亲友相逢，都不应该自我吹嘘；总结汇报，自我评定，则要客观评价。三要看事实，无论何时何地都不能无中生有，也不能敷衍夸张，有什么讲什么，实事求是。四是要有气魄，认定是应该属于自己的东西，就要毫不谦虚，大力争取；但又不必为蝇头小利斤斤计较。

三思而后行不见得对

【原文】 季文子三思而后行。子闻之,曰:"再,斯可矣。"(《论语·公冶长》)

【大意】 季文子遇事总要考虑三次才行动。孔子听说后说:"考虑两次也就可以了。"

"三思而行",让人谨慎行事;同时,孔子也说,不要犹豫不决,考虑两次也就可以了,不要想得太多!

凡事不想一想就行动叫作莽撞,往往会因考虑不周而达不到理想效果。但想得太多,瞻前顾后,翻来覆去,则容易陷入犹豫不决的狐疑之中,导致优柔寡断。

忧郁的丹麦王子哈姆雷特为报叔父的杀父娶母之仇而思虑再三,左右为难,因此而错过了下手的大好机会,结果与敌人同归于尽。

"生存还是毁灭?这是一个问题!"

这就是莎士比亚笔下著名的"哈姆雷特式的犹豫"。

当断不断,反受其乱。

所以,儒家学派的重要人物朱熹说"君子务穷理而肯果断"。这就是说既要想清楚,有所思考而后再行动,又不要优柔寡断。

季文子为人非常谨慎,凡事均要"三思而行",对于祸福利害,计较过细,所以孔子说:"再,斯可矣。"

16世纪日本江户幕府时期,军阀德川家康与武田信玄之间发生火并。武田信玄连连得胜,德川的军队被打得丢盔卸甲,溃退至滨松城。武田信玄一路追击,准备歼灭敌军于滨松城内。当武田兵临城下时,只见滨松城城门大开，火光通明，一派安宁祥和。武田信玄是当时著名的军事理论家，深谙中国的《孙子兵法》，他初步判断德川在摆空城计，便想立即冲进城去。但转念一想，德川是知道我能识破空城计的，他敢如此安排，其中必然有诈，我必须慎重从事。于是武田不敢贸然攻城，命令军队安扎在城外。此时，德川的三千后备部队也已接近了滨松，武田更加确信了自己的判断，认为城内必有众多伏兵，因此始终没敢攻进城去。不久，因露宿郊野、劳累过度，他得肺病而死。

其实，德川家康确实是在摆空城计。他深知武田信玄熟读兵书，但这些书读得太多了，反而会智者多虑，谨慎有余；另外，武田为了保全已经取得的胜利，也不会轻举妄动。德川正是利用了对手的这种心理，才化险为夷。

武田信玄的失利很大程度上是由于其谨慎有余，考虑事情过度周到，反而犹豫不决，无所适从。这也给后人一个启示：凡事看准了就大胆去行动，不要瞻前顾后，让机会白白错过。美国人爱说"Have a try"。多去试一试，机会自然也就来了。

第四章 成大事也有捷径——孔子做学问与做事的诀窍

切莫画地为牢、故步自封

【原文】 冉求曰:"非不说子之道,力不足也。"子曰:"力不足者,中道而废。今女画。"(《论语·雍也》)

【大意】 冉求说:"我不是不喜欢老师的学说,是因为能力不够。"孔子说:"能力不够,应该是在中途走不动了的时候停止,可你现在却是画地为牢,根本就没有出发。"

走不走得到是能力问题,走不走却是心态问题。

画地为牢,裹足不前,这是浅尝辄止,自甘堕落。所以孔子深恶痛绝,当面驳斥冉求的说法。

所谓"世上无难事,只要肯登攀"。一个人不管做什么事情,只要肯立志,坚决地去做,做到什么程度算什么程度,走到哪一步算哪一步。换句话说,如果只问耕耘,不问收获,事实上就总会有所收获。相反,凡事太功利,还没有起步就问终点何在,利益何在。期望值太高,太迫切,往往会产生畏难情绪,结果便很容易画地为牢,把自己限定在一个范围内,甚至裹足不前,打退堂鼓了事。

冉求正是想打退堂鼓,所以圣人予以激励,要求他坚定向前走,哪怕"中道而废",也比停步不前好。

"锲而不舍,金石可镂。"这是古人留下的一句著名的治学格言,也是为世人推崇的成才之道。

在这方面,最好的一个例子莫过于"愚公移山"了。

北山有一位叫愚公的人,年纪将近九十岁,靠着山居住。他苦于大山北面交通不便,进进出出都要绕远路,就召集全家来商量说:"我想铲除门前这两座险峻的大山,使道路一直通向豫州的南部,到达汉水南岸,可以吗?"大家纷纷表示赞成。他的妻子提出疑问说:"凭借您的力气,连魁父这座小山都不能削平,能把太行、王屋这两座山怎么样呢?况且把土石放到哪里去呢?"众人纷纷说:"我们可以把它扔到渤海的边上去,隐土的北面。"于是愚公率领子孙中能挑担子的几个人,凿石挖掘泥土,然后用箕畚装了土石运到渤海的边上,邻居的寡妇有个孤儿,才七八岁,刚刚换牙,也蹦蹦跳跳前去帮助他们。冬夏换季,才往返一次。河湾上一位聪明的老头讥笑愚公并制止他干这件事,说:"你太不聪明了!就凭你衰残的年龄和剩下的力量,连山上的一棵草都不能损坏,又能把这两座大山上的土石怎么样呢?"北山愚公长叹说:"你思想顽固,顽固到了不可改变的地步,连孤儿寡妇都比不上。即使我死了,我还有儿子在;儿子又生孙子,孙子又生儿子;儿子又有儿子,儿子又有孙子;子子孙孙没有穷尽,然而山却不会加大增高,何愁山挖不平?"聪明的老头没有话来回答。

　　孟子说:"要一个人把泰山夹在胳膊下跳过渤海,这人说'我做不到',这是真的做不到;要一个人为老年人揉揉胳膊,这人说'我做不到',这是不愿意做,而不是做不到。"所以,我们做事,要有愚公的精神,先做,先努力;而不能还没开始行动,就打退堂鼓。

有耕耘才会有收获

【原文】 樊迟问知。子曰:"务民之义,敬鬼神而远之,可谓知矣。"问仁。曰:"仁者先难而后获,可谓仁矣。"(《论语·雍也》)

【大意】 樊迟问什么是明智。孔子说:"致力于人世间该做的事情,对鬼神抱敬而远之的态度,这就可以说是明智了。"樊迟又问什么是仁。孔子说:"有仁德的人总是先付出艰苦的努力然后才有所收获,这就可以说是仁了。"

孔子这段对"智"的论述,典型地表现出圣人现实而理性的精神,一方面是"务民之义",着眼于人间事;另一方面是"敬鬼神而远之",对于我们搞不大清楚的事情,既不轻易相信,也不盲目否定,姑且把它放在一边存而不论。前一方面是现实的精神,后一方面是理性的精神。为什么要这样呢?在《论语·先进》篇里,当子路问怎样侍奉鬼神时,孔子作了明确回答:"未能事人,焉能事鬼?"连近在眼前的人都没能侍奉好,谈什么侍奉好远在天边的鬼神呢?

凡事从眼前做起,从身边做起,不要好高骛远,不切实际地异想天开。

"智"的问题是这样,"仁"的问题也是这样。

所以,当樊迟问什么是"仁"时,圣人作出了"先难而后获"的回答。另有一次,樊迟跟随孔子到舞雩台下去游览,当他问孔子怎样才能提高道德修养时,孔子照样回答说:"善哉问!先事后得,非崇德与?"(《论语·颜渊》)意思是说,先做事后收获,这不是提高道德修养了吗?

先难后获,先事后得,用我们的话来说就是:没有耕耘,哪来的收获？

西汉时期，有一位特别有学问的人，叫匡衡。匡衡勤奋好学，但家中没有蜡烛照明。邻家有灯烛，但光亮照不到他家，匡衡就把墙壁凿了一个洞引来邻家的光亮，让光亮照在书上。同乡有个大户人家叫文不识，是个有钱的人，家中有很多书。匡衡就到他家去做雇工，又不要报酬。主人感到很奇怪，问他为什么这样，他说："我希望能把你家的书通读一遍。"主人听了，深为感叹，就把书借给他读。匡衡终于成了大学问家。在汉元帝的时候，由大司马、车骑将军史高推荐，匡衡被封郎中，迁博士。

晋朝有个人叫做车胤，小时候家里一贫如洗，但读书却非常用功。他白天要耕田，又因为没有油灯而无法在夜里读书。每逢夏天的夜晚，车胤就用白丝绸做成的透光的袋子，装着几十只萤火虫照着书本读书，勤奋学习不知疲倦。时间长了，他学识渊博了，那时的人就都称赞他博学多才。

匡衡凿壁偷光、车胤囊萤照读的故事，在历史上被传为美谈，激励着后世一代又一代的读书人。

而在当代也不乏勤奋努力，然后有所成就的例子。

王亚南是我国著名的马克思主义经济学家，他最早把《资本论》翻译成中文。王亚南小时候十分酷爱读书。他在上中学时，为了争取更多的时间读书，特意把自己睡的木板床的一条腿锯短半尺，成为三脚床。每天读到深夜、十分疲倦的时候，就上床去睡一觉。睡觉的时候一翻身，床向短脚方向倾斜，他一下子被惊醒过来，便立刻下床，伏案夜读。天天如此，从未间断。

1933 年，王亚南乘船去欧洲。客轮行至红海，突然巨浪滔天，船摇晃得使人无法站稳。这时，戴着眼镜的王亚南，手上拿着一本书，走进餐厅，恳求服务员说："请你把我绑在这根柱子上吧！"服务员以为他是怕自己被浪头甩到海里去，就照他的话，将王亚南牢牢地绑在柱子上。绑好后，王亚南翻开书，聚精会神地读起来。船上的外国人看见了，无不向他投来惊异的目光，连声赞叹说："啊！中国人，真了不起！"

一分耕耘一分收获。要想取得优异的成绩，取得成功，少不了脚踏实地的努力。

孔子公开课

具备博而专的才能

【原文】 达巷党人曰："大哉孔子！博学而无所成名。"子闻之，谓门弟子曰："吾何执？执御乎？执射乎？吾执御矣。"（《论语·子罕》）

【大意】 达巷的一个人说："博大啊，孔子！学问广博而无法称他为哪一方面的专家。"孔子听到后对自己的学生说："我专门做什么好呢？专门赶马车好，还是专门射箭好呢？我赶马车好了。"

在《论语·为政》篇里，孔子曾经说过"君子不器"的话，要求君子不要像一个器皿一样，只能派某一方面的用场，而应该博学且才能广泛，努力使自己成为能适应各个方面的通才。在这里，借达巷人的口，使我们知道，孔子不仅是这样要求别人，他自己也是这样身体力行的。

这里牵涉到博与专的问题，这个问题仔细考究起来并不那么简单。实际上，博与专不是可以如此清楚地割裂开而让人选择的，尤其是进入现代社会后，一方面是分工越来越细，因而越需要专门的人才；另一方面是专业人才越来越需要有各个方面的知识和技能才能够"专"得起来。所以，一方面的确如孔子所说，不要像一个器皿一样，只能派一种用场，而要使自己成为一个博学而多才多艺的人。但是，另一方面呢，如果没有哪一方面的专长，或者说没有一技之长，在今天的社会里也是寸步难行的啊。

所以，更为理想的追求实际上不是"博学而无所成名"，而是要既博学又要有所成名，用今天的话来说，就是又博又专，"样样懂，门门精"，做"一专多能"的人才。

现今的社会竞争日益激烈，对人才的要求越来越高，一专多能成为社会发展的客观需要。当今社会的重要特征是学科交叉，知识融合，技术集成。这一特征决定了每个人都要提高自身的综合素质，个人既要拓展知识面，又要不断调整心态，变革自己的思维。社会需要"复合型人才"，公司也离不开复合型人才，这就要求我们在努力学好包括专业岗位（操作）技能、专业的技术知识、专业管理知识在内的专业技能的同时，还应当尽可能多地涉猎其他知识。

怎样才能成为一专多能的多面手呢？从自身层面上说，我们应树立自主自觉、自动自发地培养自己一专多能的观念，不能把自己局限在狭隘的专业范围之内。跳出来，可能就是海阔天空。现在高校人才的培养，虽然也注重"一专多能"，但"专"的方面所花费的时间和精力相对较多。这样的人才走入社会，在"专"的方面没有问题，在"博"的方面，可能就要加强学习了。

孔子教学生以博学，他自己便具有多方面的知识和才能。他一生从政、讲学，培养了弟子三千，创立了流传千古的"儒家学说"，不可谓不伟大，不可谓不博学！

那么我们如何让自己更全面的发展呢？古人有言："学然后知不足"，还说"学海无涯"。所以，我们要向前看，紧跟时代步伐，积极充电，学习新的党政法规，学习新知识新技术；但是我们也应回头看，去学习我们优秀的传统文化，从深厚的历史土壤中吸取营养；同时，我们还不忘左右看，学习他人的经验，吸取他人的教训。

一个人要立身处世，事业有成，不仅仅要有一技之长，更要求全面发展，提高综合素质，成为一名一专多能的复合型人才，为国家的发展建设添砖加瓦。

磨刀不误砍柴工

【原文】 子贡问为仁。子曰:"工欲善其事,必先利其器。居是邦也,事其大夫之贤者,友其士之仁者。"(《论语·卫灵公》)

【大意】 子贡问怎样修养仁德。孔子说:"工匠要做好工作,必须先磨快工具。住在一个国家,要侍奉大夫中的贤人,与士人中的仁人交朋友。"

《论语集解》引孔安国的注解说:"工以利器为用,人以贤友为助。"常言说得好:"磨刀不误砍柴工。"工匠在做工前打磨好工具,操作起来得心应手,就能收到事半功倍的效果。

从前,有一个农夫,他有两个儿子。有一天,他叫来了两个儿子,对他们说:"我已经老了,没有办法撑起这个家。所以我想在你们兄弟二人中间选一个人当家。门后有许多柴刀,你们自己选一把上山去砍柴吧。半天时间,谁砍的柴多,谁就是当家人。"大儿子对父亲说:"爹,我比弟弟年长,肯定我砍的多,这还用比吗?""是不是这样,等砍好了柴就知道了。"父亲说。

事不宜迟,大儿子拿起柴刀就上山了,边走边想:我一定要早点上山,多砍点柴来,当家人肯定就是我了。

小儿子却想:这刀破了好几个口,还生了锈,我应该先磨磨刀。于是,小儿子便找到了磨刀石,先磨刀。

大儿子砍了一段时间的柴,坐在山坡上休息,他自言自语道:"这小子,还不来砍柴,肯定是认输了。"

等小儿子磨好刀太阳已经一丈高了,他想着哥哥很早就上山了,也急忙上山砍柴。磨过的刀很快,没多长时间,小儿子便砍了一担柴。

中午的时候，大儿子满头大汗地挑着砍的一担柴回到家。不一会儿，小儿子也回来了，却挑了两担柴。父亲奇怪地问小儿子："你比大哥迟上山，为啥你砍的柴比大哥多呢？"

"如果刀没磨快，怎么能够砍得又快又多呢？"小儿子自豪地回答道。

父亲听了，脸上露了欣慰的笑容，语重心长地说："只要准备好工具，掌握了方法，做事就可以事半功倍。"当然，最后是小儿子当家。

"工欲善其事，必先利其器"是人们熟知的名言。一个做工的人要把工作完成好，必须先把工具准备好。

有一个工人在一个伐木厂找到了一份不错的工作。上班第一天，老板给了他一把斧子，让他到树林里去砍树，这个工人卖力地干了起来。一天时间，他不停地挥舞着斧子，一共砍倒了19棵大树。老板满意极了，夸他干得不错。工人听了很兴奋，决定工作要更加卖力，以感谢老板对他的赏识。

第二天，工人拼命工作，他的腿站得又酸又疼，胳膊更是累得抬不起来了，可就是这样拼命，却并没有带来更好的结果。他觉得自己比第一天还要累，用的力还要大，可只砍倒了16棵树。

工人想，如果我的成绩一直下降，老板一定会以为我在偷懒，所以我要更加卖力才行。第三天，工人投入了双倍的热情去工作，直到把自己累得再也动不了为止。可是，让他失望的是，他只砍倒了12棵树。

工人是个很诚实的人，他主动去向老板道歉，说明了自己的工作情况，并检讨说，我真是太没用了，干得越来越少。老板问他："你多久磨一次斧子？"工人一听愣住了，他说："我把所有的时间都花在砍树上了，哪里有时间去磨斧子啊？"

埋头苦干是很好的做事态度。可是，不讲究方法，一味埋头苦干，并不一定会有更好的结果，磨刀不误砍柴工，用对了方式和方法才会事半功倍。

孔子公开课

过而能改、善莫大焉

【原文】子曰:"过而不改,是谓过矣。"(《论语·卫灵公》)

【大意】孔子说:"犯了错误而不改正,这就是真正的错误了。"

《韩诗外传》卷三曾引孔子的一句话,凑在一起刚好是从正反两方面谈同一个问题——

过而不改,是谓过矣;

过而改之,是不过也。

说来也是,人非圣贤,孰能无过?问题在于,有了过错怎么办?正确的态度当然应该像孔子在《学而》篇和《子罕》篇里反复说过的:"过则勿惮改。"

春秋时期的晋灵公是个贪婪、暴虐、狡诈的人。他不顾百姓生死,巧取豪夺,将聚敛来的财富空耗在修筑宫殿廊阁上;他有一个恶习,喜欢用弓弹射人取乐。更残忍的是,他的厨子因为没有把熊掌煮烂,便被杀死,并装在筻筐里放在敞车上,叫人推着从朝上经过,让众人观看,自己却乐呵呵地看众人的惊惧状。士会等大臣很为晋国忧虑,他们担心国家将发生祸乱,决定去劝劝国君,让他改过。晋灵公这个人口头认错很快。他一见到士会来,马上说:"我晓得我的过失了,就改就改。"但他并非真心改过,只是为了避开大臣的烦扰絮叨。士会一看他的神色就知他的心思,知道他不会改,但也拿他没办法,只好说:"人谁无过,过而能改,善莫大焉!"

士会的话是从正面讲的,孔子的话则是从反面讲的,他们的话都是很正确的。哪个人没有过错呢?一个人有过错,特别是偶尔犯了过错,并不要紧，不必惊慌失措，更不可认为这个人就无可救药了。比如自家的孩子因一时贪玩踩坏邻家的青菜，自然犯了一些过错，为此如果狠揍他一顿，狠骂他一阵，甚至就认为他的品质很坏很危险，伤了孩子的自尊心，给他造成很大的精神压力，这就是不懂得过与善转化的辩证法。事实上完全没有必要对孩子如此大动干戈，提醒他注意一下就好了。

宋朝大文学家苏东坡，是翰林院学士，人们都称他为苏学士。苏东坡才华横溢，文章写得好，诗词也作得好。但知识再丰富的人也不可能全知天下事，所以他有时候也不免要出点差错。

有一天，苏东坡拜访当朝宰相王安石。相府仆人把他领进王安石的书房，说是宰相大人外出办事，马上回来，请苏学士用茶稍候。等了一会，主人还不回来，苏东坡便信步走到书桌旁，见桌上摊着一首咏菊诗。这首诗没有写完，只写了两句："昨夜西风过园林，吹落黄花满地金。"

苏东坡看了，心里不由暗暗好笑起来："西风"明明是秋风，"黄花"就是菊花，而菊花从来就敢于顶风傲霜，最能耐寒耐冻，说西风"吹落黄花满地金"，岂不是大错特错了？想到这里，苏东坡诗兴大发，不能克制，就提笔蘸墨，信手续写了两句："秋花不比春花落，说与诗人仔细吟。"

苏东坡搁下毛笔，又待了一会儿，见主人还不回来，便起身告辞了。再说王安石回家后，到书房见了苏东坡的那两句话，只是摇了摇头，并不与苏东坡计较。

后来苏东坡到黄州去当团练副使，在黄州住了将近一年。到了九九重阳天气，连连刮了几日大风。一天，风停歇后，苏东坡邀请了几个好友到郊外赏菊。只见菊园中落英缤纷，满地铺金，一派西风萧瑟的景象。这时，苏东坡猛然想起了给王安石续诗的事情来，恍然悔悟到自己过去闹了笑话，连忙提笔给王安石写信认错。

一个人有了过错，真心悔过，把过改过来就好了。一个有道德的人，承认自己的错误，并有改正错误的勇气，这不仅不会降低自己的威信，反而会提高威信。古人对于过的认识，在今天仍闪着智慧的光芒，是我们应当牢记的有益的格言。绝对不要像晋灵公那样，假认过或不认过，终成大过直至酿成大祸，危害了自身和国家的利益。

孔子公开课

做事，抓住时机最重要

【原文】 孔子曰："侍于君子有三愆：言未及之而言谓之躁；言及之而不言谓之隐；未见颜色而言谓之瞽。"（《论语·季氏》）

【大意】 孔子说："陪君子说话容易有三种过失：还没轮到自己说话却抢先说了，这叫急躁；轮到自己说了却不说，这叫隐瞒；不察言观色而贸然说话，这叫瞎子。"

这里的君子指长官、前辈等，用朱熹的话来解释，指"有德位之通称"。其实，就是一般朋友、同学、同事之间说话，这几点也是同样适用的。

孔子所指出的三个毛病，的确也是我们一般人容易犯的。第一个毛病是急躁而爱出风头，没有耐心听人说话的涵养，对于一个领导者来说，这一点尤其致命。第二个毛病是隐瞒，该说话的时候不说，给人以城府很深的感觉，尤其容易失去朋友。第三个毛病是不长眼睛，说话不看人家的反应，只顾自己说得痛快，得罪了人自己还不知道，这一类人，尤其不能做与人交往、接待、洽谈等方面的工作。

好言一句三冬暖，冷言一句六月寒。

如何把握好说话的时机，这的确是非常重要的。

孔子周游列国，劝说君王，所以对如何与达官贵人们说话很有心得，很有体会。从一定意义上说，这里的一段话正是他的经验之谈。对我们来说，当然不仅仅要掌握谈话的艺术，诸如做事创业、交友处世，都需要把握时机。孔子的经验之谈不正是给我们提供借鉴吗？

看准时机需要眼力，如果没有主动训练自己眼力的习惯，即使金子摆在眼前，也如同石头。成大事者要善于养成这样一个必不可少的习惯：磨炼看准时机的眼力！

有位记者曾同老演员查尔斯·科伯恩进行过一次交谈。记者问的是一个很普通的问题：一个人如果要想成就大事，需要的是什么？大脑，精力，还是教育？

查尔斯·科伯恩摇摇头："这些东西都可以帮助你成大事。但是我觉得有一件事甚至更为重要，那就是：看准时机。"

"这个时机，"他接着说，"就是行动或者按兵不动，说话或是缄默不语的时机。在舞台上，每个演员都知道，把握时间是最重要的因素。我相信在生活中它也是个关键。如果你掌握了审时度势的艺术，在你的婚姻、你的工作以及你与他人的关系上，就不必去追求幸福和成大事，它们会自动找上门来的！"

这位老演员是正确的。如果你能学会在时机来临时识别它，在时机溜走之前就采取行动，生活中的问题就会迎刃而解。那些反复遭受挫折的人经常会对毫不留情的、不怀好意的世界感到泄气，他们几乎永远意识不到：他们一而再、再而三地进行了恰当的努力，但却在不恰当的时机放弃了。

一位家庭关系法庭的审判员在谈到夫妻关系时曾说过这样一段话："哦，这些吵闹不休的夫妻！他们只要意识到我们每个人都有烦躁不安、情绪低落的时候，这种时候一个人受不了唠叨或批评——即使是善意的劝告！只要夫妻双方肯了解对方的心情，知道什么时间去诉苦，什么时候去流露感情，这个国家的离婚率就会下降一半。"良好的风度需要的也只是看准合适的时机而已。还有什么比兴致勃勃的谈话被打断更令人扫兴呢？谁没有遇到过一个从来不知道该什么时候离去的不知趣的人呢？这个人会使你觉得像被他纠缠了一辈子似的。

许多人都以为会看时机是一种天分，也就是说是生来就具备的，就像是具有音乐细胞的耳朵一样。但情况并非如此。通过观察那些似乎有幸具备这种天分的人，你会发现这是一种任何人只要努力留心都能获得的技能。

要不断地提醒自己,掌握好时机在待人处世上具有重要意义。莎士比亚曾经写道:"人间万事都有一个涨潮时刻,如果把握住潮头,就会领你走向好运。"一旦你明确了"看准时机"的全部重要意义,你就朝着获得这种能力的目标迈出了第一步。

和自己订一项条约,当你被愤怒、恐惧、嫉妒或者怨恨的旋涡所驱使时,千万不要做什么或者说什么。这些情绪的破坏力量可以毁坏你精心建立起来的"观时机制"。古希腊哲学家亚里士多德曾留下一段著名的话:"任何人都会发火的——那很容易;但是要做到对适当的对象,以适当的程度,在适当的时机,为适当的目的以及按适当的方式发火就不是每个人都能做到的了。这不是一件容易事。"

我们每时每刻都是与所有人共享的,每个人都会从不同的角度去看待周围发生的事情。于是,真正地把握时机则包括以一个局外人的角色去了解其他人是怎样看问题的。

一位大慈善家,已故的新奥尔良市的约翰·迪勃特夫人曾经讲到,一个隆冬的晚上,她翻阅一本杂志时,眼睛被一幅漫画吸引住了。画上是两位衣衫不整的老妇人在微弱的火堆旁瑟瑟发抖。"你在想什么?"其中一个问道。另一个回答:"我在想,明年夏天那些阔太太会把一些保暖的衣服给我们的。"

迪勃特夫人是几家医院的赞助者,还是许多慈善事业的捐助者。她盯着这张漫画看了好一会儿,最后,她爬上顶楼,打开衣箱,把厚实的衣物捆扎成几大包,准备来日就去分发。她决心将自己的慈善活动安排得更合时宜,正像她提出的"去援助那些燃眉之急的人"。正如《旧约全书》中所写的:"世上万物都有适逢的季节,而尘世间的每一项意图也都有一个合宜的时间。"

要想享受成功的人生,你必须学会抓住时机,审时度势。或者说,要想享受自我的生活,你必须学会根据不同时机来做出巧妙的安排,争取做出成功之举。

患得患失，取舍皆失

【原文】 子曰："鄙夫可与事君也与哉？其未得之也，患得之；既得之，患失之，苟患失之，无所不至矣。"（《论语·阳货》）

【大意】 孔子说："可以跟品质低下的人一起侍奉君主吗？当他没有得到职位时候，担心不能得到；当他得到以后，又担心失去。如果担心失去职位，那就没有什么事情做不出来了。"

得到什么？又失去什么？

可以是名利，也可以是地位。总之是他想得到又生怕失去的东西罢了。

患得患失的人什么都做得出来。为了得到自己的利益，或者为了保住自己的既得利益，打击同事，排挤异己，不择手段，无所不用其极。

其实，患得患失的人自己也很痛苦，很无聊，活得并不自在，并不轻松，那可真是"熙熙攘攘为名利，时时刻刻忙算计"，结果还多半会"算来算去算自己"。对这种人来说，人生就正如哲学家叔本华所指出的，是在痛苦与无聊、欲望与失望之间摇晃的钟摆，永远没有真正满足、真正幸福的一天。

麻烦的是，进入现代社会以后，生活节奏加快，竞争加剧，患得患失的人越来越多；而从容不迫，优哉游哉，保持平静心态的人却似乎是越来越少。

怎样才能够使我们自己不落入彀中，少一分忧患，多一分悠闲呢？

哪个人性弱点是失败的罪魁祸首？

一份来自 2500 名调查样本的报告显示：迟疑不决名列失败原因的

榜首。

决心的反面即是拖延，拖延是每一个人必须认真征服的大敌。

一份分析数百名百万富翁的报告显示，他们每一个人都有迅速下定决心的习惯，而且改变初衷的想法是很少有的。很多失败的人则遇事迟疑不决、犹豫再三，就算是终于下了决心，也是推三阻四、拖泥带水，一点儿也不干脆利落，还可能朝令夕改，一夕数变。

失败的人大多有个毛病，就是耳根子软，容易受人左右。他们任由报纸杂志和街谈巷议来替自己思考。舆论是世界上最不值钱的商品。每个人都有一箩筐的看法，随时准备加诸接受的人身上。如果你下决心的时候受人左右，做哪一行都不会出人头地，要化渴望为金钱，尤为不易。

如果任由他人的意见来左右你，你就没有自己的渴望。

林肯决心发表其著名的解放黑奴宣言，赋予美国黑人自由。在发表之初，林肯没有犹豫，此举将使得成千上万原先支持他的朋友和政界人士转而反对他。

苏格拉底宁可喝下毒药，也不愿意改变个人信念。此举使时代推进了一千年，赋予当时的人还未曾有过的思想自由权和发言自由权。

李将军在美国南北战争时期，毅然决然指挥起南方大军，也是勇敢的抉择，因为他明白，如果他不肯冒险，势必牺牲更多人的性命。

但是，全美国人民所能切身体会到的，莫过于1776年7月4日在费城毅然做出的空前重大的决定。当时，56个人在一份文件上签署了他们的名字。他们知道，这份文件将带给所有的美国人自由，要不然，这56个人就会一一被送上绞刑架吊死！

所有例子都说明了一个道理，那就是不要犹豫，在该行动的时候采取措施。

拒绝抱怨

【原文】子曰:"莫我知也夫!"子贡曰:"何为其莫知子也?"子曰:"不怨天,不尤人,下学而上达。知我者其天乎!"(《论语·宪问》)

【大意】孔子说:"没有人知道我啊!"子贡说:"为什么没有人知道您呢?"孔子说:"不怨恨上天,不责怪别人,下学人事而上达天命。知道我的,大概就只有天吧!"

虽然孔子也在感叹"没有人知道我啊"!但我们应该看到可贵的一面,他虽然不被人了解,但是仍旧"不怨天,不尤人",只管"下学而上达"。

孔子的这种不抱怨天和人,拒绝在学习上面拖延的精神很值得我们学习。

抱怨是缺乏责任心的表现,是无能者最好的发泄。要知道,那些整天只知抱怨的人,注定将一事无成。

也许你生活贫困、负担沉重,也许你没有亲朋好友,无依无靠地生活在异国他乡。于是,你不停地抱怨,感叹命运对自己的不公,抱怨自己的父母、自己的老板,抱怨上苍为何如此不公,让你遭受贫困,却赐予他人富足和安逸。

你所不知道的是,喜欢抱怨的人在世上是没有立足之地的,烦恼忧愁更是心灵的杀手。缺少良好的心态,如同收紧了身上的锁链,将自己紧紧地束缚在黑暗之中。

没有人会因为坏脾气和消极负面的心态而获得奖励或提升。仔细观察任何一个管理健全的机构,你会发现,最成功的人往往是那些积极进取、乐于助人,能适时给他人鼓励和赞美的人。身居高位之人,往往会鼓励他人像自己一样快乐和热情。但是,依然有些人无法体会这种用意,将诉苦和抱怨视为理所当然。

如果你不知道自己的追求是什么,就别抱怨老板不给你机会。那些喜欢大声抱怨自己缺乏机会的人,往往是在为自己的失败找借口。成功者不善于也不需要编造借口,因为他们能为自己的行为和目标负责,也能享受自己努力的成果。

人往往是在克服困难的过程中产生勇气,培养坚毅和高尚的品格的。常常抱怨的人,终其一生都不会有真正的成就。

不妨想一想,你喜欢哪一种工作伙伴呢?是那些总在抱怨,总在找借口的人,还是那些乐于助人、有活力、值得信赖的人呢?

抱怨是无济于事的,只有通过努力才能改善处境。

或许你正住在一间简陋的破屋里,心中梦想着宽大而明亮的殿堂,那么,你首先应该做的是努力将这间小屋变成一个干净整洁的天地,将你愉悦的精神充满这间小屋。

做大事者，以"勤"经营天下

【原文】大宰问于子贡曰："夫子圣者与？何其多能也？"子贡曰："固天纵之将圣，又多能也。"子闻之，曰："大宰知我乎！吾少也贱，故多能鄙事。君子多乎哉？不多也。"（《论语·子罕》）

【大意】大宰向子贡问道："孔老先生是位圣人吗？为什么这样多才多艺呢？"子贡说："既然上天让他成为圣人，当然也就会让他多才多艺。"孔子听到后说："大宰了解我啊！我小的时候贫穷，所以才努力学会了不少技艺，一般的君子会有这么多技艺吗？是不多的。"

"宝剑锋从磨砺出，梅花香自苦寒来。"孔子之所以成为多才多艺的圣人，正像他所说的，就是因为努力勤奋而已。

"业精于勤，荒于嬉"，做大事者，务必终生牢记这个"勤"字。

被称为"塑胶大王"的台湾塑胶企业首脑王永庆是台湾的巨富之一。他拥有的塑胶、纤维和合板等行业共有多家分公司，资产总值已达110亿美元。但在70多年前，王永庆只不过是一家米房的小工，家贫如洗。他是如何发迹而成为台湾的传奇性人物，台湾报刊屡有介绍，王永庆本人也常常提及"一勤天下无难事"的道理。一次在美国华盛顿企业学院演讲时，王永庆谈到了他一生的坎坷经历。他说："先天环境的好坏，并不足夸，成功的关键完全在于自己之努力。"

1917年，王永庆生于台湾嘉义县一个闭塞的村庄。家中贫困不堪，除了几间仅供遮蔽风雨的茅屋外几乎一无所有。当王永庆勉强活到6岁时，父亲东拼西凑了几个钱送他上学。那时父亲只希望孩子学会记账，这样就可以到店铺当伙计维持生计。

王家祖籍福建安溪，因为穷困，在王永庆的曾祖时举家迁到台湾，几代都靠种茶为生。在王永庆10岁时，祖父告诉他："茶山将来会变成秃岭，靠种茶糊口是没有出路的。"祖父的这番话无疑粉碎了王永庆走祖辈生活道路的想法，而在他幼小的心灵里埋下了"走出乡关闯天下"的志愿。

王永庆15岁小学毕业后被迫辍学，只身背井离乡远到台湾南部一家米店当小工。聪明伶俐的王永庆除了完成送米工作外，还悄悄观察生意人怎样经营米店，学习做生意的本领。第二年，王永庆请求父亲帮他借了200元台币作本钱，自己在嘉义开了家小米店。开张时困难重重，因为附近的居民都有固定的米店供应，王永庆只好一家家去走访，好不容易才争取到几家住户同意试用他的米。他知道，如果服务质量比不上别人，自己的米店就要关门。于是，他特别在"勤"字上下工夫，他把米中的杂物一粒粒拣干净，有时为了一分钱的利润宁愿深夜冒雨把米送到用户家中。他的服务态度使用户感到满意，主动替他宣传，介绍新客户。接着，王永庆为了改善纯粹卖米的苦境，自己开设了一家碾米厂。当时他的隔壁也有一家碾米厂，条件比他的优越。为了同这家碾米厂竞争，他每天工作十六七个小时，克勤克俭，业务上终于胜过那家碾米厂。以后他又开办了一家制砖厂。

1943年，王永庆眼看自己勤勉操办的米、砖生意渐不如意，便转向木材业。1945年，第二次世界大战结束后，台湾建筑业逐渐好转，王永庆的木材生意也跟着蒸蒸日上。20世纪50年代初期，王永庆已成为富甲一方的大商人，但他并不满足。1954年，他看到烧碱生产过程中有70%的氯气弃而不用，为之可惜，便打算废物利用。于是就筹集50万美元，创建了台湾第一家塑胶公司。

塑胶这一新兴行业对王永庆来说确实是陌生的，当时有一个化学家甚至讥笑他要破产。王永庆认准了则绝不回头，发誓要把塑胶事业办成功。1957年，王永庆将公司易名为台湾塑胶工业公司，自任董事长。从此，王永庆走上了他事业的起飞点。然而，万事开头难，当时日本生产的塑胶粉充斥中国台湾市场，质优价廉，台塑产品难以抗衡，产品大量积压，公司面临倒闭的危险。一些股东看到台塑的前景不妙，大有崩塌的危险，于是个个心灰意冷，纷纷提出退股。然而，深知"逆水行舟，不进则退"的王永庆，在困难面前毫不退缩，决意破釜沉舟，背水一战，他以常人难以企及的胆识，在股东纷纷要求退股的情况下，毅然变卖自己大部分的产业，以低价买断了台塑公司的所有产权，独自经营他的产业。王永庆分析台塑公司不景气的原因除日本产品竞争外，还由于台湾地区的需求量有限，而台塑产量则明显供过于求。他认为台湾的市场小，除非开拓外销市场，否则是死路一条。但是要拓展外销市场，以当时每月100吨产量的规模，是根本没有竞争力的。因此，王永庆果断决定扩厂，增加生产量。他认为大量增产可压低成本及售价，以便吸引更多的岛内外客户，即使暂时赔本也是值得的，关键是要闯出自己的路子来。在增加产量的基础上，王永庆筹资70万美元更新设备，改造生产技术。他事必躬亲、艰辛备至，终于如愿以偿，达到了增加产量、提高质量、降低售价的目的，逐渐打开了岛内外市场。试想，明知产品过剩还坚持增加产量，承担这种风险需要何等胆识和气魄！

　　台塑企业成名后，王永庆已是人人称羡的大企业家了。他的创业之道和财富成为人们津津乐道的话题，"台湾塑胶大王"的名声不胫而走，一般人满以为他该坐享清福了。其实不然，在发展了塑胶工业的基础上，他又先后创建了台湾化学纤维工业公司、台湾纤维工业公司等。

　　许多人都对王永庆成为台湾大富豪以后，仍然在衣、食、住、行各个方面勤俭节约表示不理解，但是王永庆对此却有他自己的独特见解。1975年，王永庆在接受美国圣若望大学授予荣誉博士学位的典礼上所说的一段话发人深省。王永庆说："我幼时无力进学，长大时必须做工谋生，也没有机会接受正式教育，像我这样的一个身无专长的人，永远感觉只有吃苦耐劳才能补齐自身的不足，而且，出生在一个近乎赤贫的环境中，如果不能吃苦耐劳，简直就无法生存下去。直到今天，我还常常想到由于生活的困苦，才令我产生了克服困难的精神和勇气，幼年生活的困苦，也许是上帝对我的赐福。"可见，吃苦耐劳不仅是王永庆的座右铭，而且也是促使他成功的主要因素。

每一个成功者的背后，必定都付出了许许多多的艰辛。王永庆的成功，也离不开他坚韧不拔的努力。无数次困难的考验，铸就了他坚强的毅力，这一点从王永庆每天的晨跑就可以看出来。从1978年8月起，王永庆坚持每天清晨4点钟起床晨跑，不论再冷的天或者刮风下雨，都从来没有间断过，即使他身在国外，甚至生病也不例外。王永庆自己也说跑步很苦也很枯燥，但是，为了锻炼出强健的体魄，就必须持之以恒地做下去。久而久之，就会感觉像是日常的工作之一，而不觉得辛苦了。他认为人生也像跑步一样，要每天不断地练习，持之以恒。对于跑在你前面的人，不要去羡慕他，更不要去嫉妒他，而是应尊敬他，因为他比你更努力，我们所要做的是，向他学习，坚持下去，与他比耐力，比意志，争取最终能赶上并超过他。正是凭借这惊人的毅力，王永庆超过了一个又一个的对手，获得了成功。

　　吃尽了人间的甘苦而最终成功的王永庆还十分强调"先苦后甜"的道理。他时常告诫他的后人，任何事都是要经过相当的辛苦才可以得到的，年轻人无论是就业或创业，千万不可操之过急，不可急功近利。成功绝非一蹴而就，一定要有先苦后甜的体验，按部就班一步步地来，而且只有吃到了苦头以后，才能够真正品味到甘甜的内涵。正是鉴于"先苦后甜"的道理，经营企业，不能只看眼前。王永庆认为一开始赚钱的企业是危险的，因为他们易养成老大自恃的习气，也容易种下他日垮掉的种子。因此，王永庆提出了他的"卖冰激凌应该在冬天开业"的理论。他认为冬天顾客少，则需要用全力去推销，而且要严格地控制成本、节省费用、加强服务，千方百计来争取顾客。这样，一点一滴地积累经验，等夏天一到，发展的机会到了，力量便一下子壮大起来，而且，经历冬天的困境，夏天即使有竞争者也就不怕了。此时你会认为冬天的辛苦没有白费，获得的欣慰也更多些，这就像运动流汗后会浑身舒畅，肚子饿了，食物的味道特别鲜美一样。享受也同样如此，享受是附在工作之上的，疏忽工作而一味地追求享受，其结果是没有真正的快乐可言的。

　　王永庆还在不断地续写着他的传奇，从白手起家到富甲一方，王永庆成功的最大秘诀还是一个"勤"字。

俗话说得好:"穷人的孩子早当家。"小时候家庭贫困,什么事情都要靠自己做,不勤奋又怎么行?对立志做一番大事的人来说,只有勤才是唯一的捷径,勤者才能不败。

第四章 成大事也有捷径——孔子做学问与做事的诀窍

第五章 练就火眼金睛
——孔子如何看待小人

关于小人，孔子谈论得非常之多。诸如"小人喻于利""小人长戚戚""小人之过也必文"，等等。据学者统计，《论语》一书中前后有二十四处对小人劣德劣行的告诫和批评。由此可见，对待小人连圣人都非常烦恼。

小人之五骨，刀枪不入，软硬不侵，小小的皮囊，不仅耐磨耐压，而且抗高温，不生锈，狂风吹不倒，洪水淹不没，严寒冻不死，甚至有时连正义也治不了他们，所以对待小人我们还是远离为妙。关于这一点，孔圣人还是给我们总结出了不少可以借鉴的经验。

巧言令色——伪君子的形象

【原文】 子曰："巧言令色，鲜矣仁。"（《论语·学而》）

【大意】 孔子说："花言巧语，一副讨好人的脸色，这样的人是很少有仁德的。"

钱钟书先生的散文《魔鬼夜访钱钟书先生》中有一个巧舌如簧的魔鬼，它自我夸耀说："因为你是个喜欢看文学书的人，所以我对你谈话时就讲点文学名著，显得我也有同好，也是内行。反过来说，假使你是个反对看书的多产作家，我当然要改变谈风，对你说我也觉得书是不必看的，除了你自己做的书……我会对科学家谈发明，对历史家谈考古，对政治家谈国际情势，展览会上讲艺术赏鉴，酒席上讲烹调。不但这样，有时我偏要对科学家讲政治，对考古家论文艺，因为反正他们不懂甚么……这样混了几万年，在人世间也稍微有点名气。但丁赞我善于思辨，歌德说我见多识广。"可见"巧言令色"之徒古代有，现代有，虽然其"混淆是非""言伪而辨"，却颇得听者青睐。因而古代昏君之旁必伴有一"花言巧语、八面玲珑"的佞臣，这种人不仅是孔子所说的"鲜矣仁"，对于平常百姓来说简直是祸国殃民的祸水。

拿"巧言令色"作工具，多半是为了博得上司欢喜，对于别人倒无多大妨碍，只是在其口若悬河、眉飞色舞之时，往往忘记了老于世故的人劝人多听少说的良训。

世人往往鄙弃"巧言令色"之徒，崇信"知者不言，言者不知"。殊不知，捧人捧得有分寸，骂人骂得含蓄，自夸夸得像自谦，这些技巧都是可以意会而不可言传的。尽管人们讨厌"花言巧语"之徒，但好心人还是易上他们的当，况且不言者可能是"拈花微笑"、大智若愚，也可能是腹中空空、故作高深，因为被深沉的外貌掩盖了，便难分伯仲，一味地让人顶礼膜拜了。

曾子说："胁肩谄笑，病于夏畦。"（《孟子·滕文公》）耸起两个肩头，做出一副讨好人的笑脸，这真比顶着夏天的毒日头在菜地里干活还要令人难受啊！儒者对伪君子的鄙夷之情溢于言表。仅孔子对"巧言令色"的斥责，在《论语》中就记有三次，另外两次分别为：一是"不知其仁，焉用佞"（《论语·公冶长》）；一是"乡原，德之贼也"（《论语·阳货》）。

然而，在历史上，在现实中，这种巧言令色、胁肩谄笑的人却不因为圣人的鄙弃而减少。他们虽无仁德，难成正果，但却有的是用武之地，能使别人妻离子散、家破人亡，甚至国危天下乱。

所以，直到今天，我们仍然要牢记圣人提醒我们的话，时时警惕那些花言巧语、满脸堆着笑容的伪君子。

孔子厌恶"巧言"，主张辞能"达"就可以了。怎样才算"达"呢？"达"就是足以表达，把言辞用得恰到好处，不多不少，多一个太费，少一个不足，应当不浪费一个词，不多说一句话，切意中肯就行了，用不着不必要的涂脂抹粉。言辞要做到"达"的程度，是一种很高的修养。这种修养不单是语言文字的修养，还有思想、情操的修养。修到"达"的境界，绝非"一日之功"，而要长时间地下苦工夫。一是要多读书，多听人家讲话，学习人家的语言技巧，丰富自己的词汇；二是要多参加社会实践，形成正确的思想、高尚的情操。反复不断地培养锻炼，才能做到恰如其分地运用言辞。

经商的人记住"辞达而已矣"的话，大可受益。顾客来了，热情过度，说话太多，甚至满嘴夸张，顾客会以为你居心不良，是想着法儿骗他们。因为你说话的样子与地地道道的骗子相仿。虽然你只是急于推销商品，没有骗顾客的心，但是，顾客会相信你吗？热情周到，并不是一见人进门看你的商品，你就搭讪，问东道西。这常常引起反感，也是不礼貌的，好像一进门你就盯上了人家的钱包。想赢得顾客，反而吓跑了顾客。更有甚者，连哄带骗，强拉顾客，这是有违商业道德的。这样做不但拉不到顾客，还会失去顾客。经商者推销商品，只需面带微笑，等待顾客询问，作恰当说明，做到"辞达"就好了。

君子重的是义，小人重的是利

【原文】子曰："君子喻于义，小人喻于利。"（《论语·里仁》）

【大意】孔子说："君子懂得的是义，小人懂得的是利。"

一心只想着自己的田土，一心贪图实惠，唯利是图，这就是小人与君子的区别。

对义和利的态度，是孔子区分君子与小人的标准，也是他教育思想的重要组成部分。他说："君子之于天下也，无适也，无莫也，义之与比。""放于利而行，多怨。"（《论语·里仁》）在孔子的眼里，道德高尚的君子重义而轻利，见利而为的小人重利而轻义。前者受人尊敬，后者惹人生怨。

在"天下熙熙，皆为利来；天下攘攘，皆为利往"的等级社会中，孔子出于对封建统治阶级长远利益的考虑，一再倡导人们"舍生以取义""杀身以成仁"，却始终未能得到统治者的理解，以致终生坎坷、颠沛流离，继而投身教育。

艰难的人生使他领悟到义与利的矛盾并非能轻易统一，但他还是明确表示，在二者发生矛盾时，应以道义为上。他说："富与贵，是人之所欲也，不以其道得之，不处也；贫与贱，是人之所恶也，不以其道得之，不去也。"（《论语·里仁》）他虽然不否认富贵是人的一种必然的追求，但他仍然蔑视那种不合道义的富贵和见利忘义的行为。在弟子中提倡"食无求饱，居无求安"（《论语·学而》）"先难而后获"（《论语·雍也》）的艰苦奋斗精神，旨在以义导利。修身建业，谋求长远发展。这种以道德力量化解义利矛盾的辩证思维，正是我们今天所需要的。

这正如"君子怀德，小人怀土；君子怀刑，小人怀惠"（《论语·里仁》）一样，君子心怀道德，小人却一心想着自己的田土；君子心怀法度，小人却一心贪图实惠。把"义"与"利"作为一对对立的范畴并列起来，让你做二者不可兼得的选择。

君子想的是道德法律，小人却一心想着"三亩地，一头牛，老婆、孩子、热炕头"。

其实，想着老婆孩子热炕头原本也没错，关键是要注意如下两个方面的问题：

第一，不要因为田土、因为贪图实惠而忘了道德和法度，做出有伤道德原则、触犯刑律的事情来；

第二，不要因为贪恋田土，贪恋老婆、孩子、热炕头而放弃了对仁道、对精神文明方面的追求。

这两个方面的问题处理得好，也就对了。但如果处理得不好，只一心想着自己的田土，一心贪图实惠，唯利是图，那就是小人而非君子了。

孔子公开课

见义不为者，非君子也

【原文】 子曰："非其鬼而祭之，谄也。见义不为，无勇也。"（《论语·为政》）

【大意】 孔子说："不是自己的祖先却去祭祀，这是谄媚。遇见正义的事却不能挺身而出，这是怯懦。"

只为争饮食而斗是无廉耻的猪狗之勇，为争货财而斗是唯利是图的贾盗之勇，无谓地械斗是小人之勇，君子之勇则是为道义而斗争。

面对应该挺身而出的事情而不敢去做，是怯懦的表现。这句话表达了"义"与"勇"的关系。其实，见义不为不仅是怯懦的表现，而且还不是君子作风；相反，见义勇为则是十分光荣的事情。为了使社会风气变得更好，应该提倡见义勇为的精神。

"见义不为，无勇也。"这是说君子应该见义勇为。见义不为，则无君子之勇。"子谓子产：其行己也恭，其事上也敬，其养民也惠，其使民也义。"（《论语·公冶长》）这里的恭敬惠义，其实也都是义，义者，宜也。此即君子之行、君子之勇。

在孔门弟子中，子路以勇著称。"子路有闻，未之能行，唯恐有闻。"（《论语·公冶长》）朱注："子路闻善，勇于必行"；"若子路，可谓能用其勇矣。"

然而有一次，"子曰：'道不行，乘桴浮于海，从我者，其由与？'子路闻之喜。子曰：'由也好勇过我，无所取材！'"（《论语·公冶长》）朱注："夫子善其勇，而讥其不能裁度事理以适于义也。"所以，孔子常常挫其锐气。"子路曰：'君子尚勇乎？'子曰：'君子义以为上。君子有勇而无义为乱，小人有勇而无义为盗。'"(《论语·阳货》)这里，从"君子义以为上"中，有一句潜台词呼之欲出：小人利以为上。此即"君子喻于义，小人喻于利"。

"路见不平，拔刀相助"，见到车匪路霸应挺身而出；见到有人落水应义无反顾，不待脱衣就跳下水去，救命要紧。

怎样勇于行？这是关于勇的度量问题。前面说过，勇于行包括言和行两个方面。孔子要求"言必信，行必果"(《论语·子路》)，从而要求"君子……敏于事而慎于言"(《论语·学而》)；"君子欲讷于言而敏于行"(《论语·里仁》)。这是因为，"古者言之不出，耻躬之不逮也"(《论语·里仁》)。所以，君子慎于言，勇于行。反之，"巧言令色，鲜矣仁"(《论语·阳货》)。

不仅如此，孔子甚至认为，君子不仅要慎言，而且要慎行；"多闻阙疑，慎言其余，则寡尤；多见阙殆，慎行其余，则寡悔。"(《论语·为政》)慎言慎行是君子之勇，妄言妄行是小人之勇。后来苏东坡认为大勇、小勇之别，在于一个"忍"字。"古之所谓豪杰之士，必有过人之节。人情有所不能忍者，匹夫见辱，拔剑而起，挺身而斗，此不足为勇也。"(《留侯论》)小人之勇与君子之勇，在度量上是不可同日而语的。

勇敢是人类最美好的品德之一。但"勇"不是一味地轻生好斗，而是与道德修养密切相关的。孔子承认他的学生子路比自己勇敢，但也教导他有勇更要有义。孔子认为，没有是非观念的"勇"是不可取的。见利忘义，或"见义不为"，都谈不上真正的"勇"。荀子将"勇"分为上、中、下三种境界，怀仁爱之心，忧国忧民，无私无畏，是"大勇"；好礼而轻财，亲贤士远小人，是"中勇"；不顾是非，贪财斗狠，是"小勇"。纵观古今，凡是为国家、民族利益，为正义事业敢于奋斗、勇于牺牲者，都是值得崇敬的勇者。

"柔亦不茹，刚亦不吐；不侮矜寡，不畏强御。"《诗经·大雅·烝民》。大意是柔软的东西不轻易去吃，坚硬的东西也不轻易吐出来；不欺侮弱小的人，也不惧怕强权的威胁。此处的"烝"是众多的意思。这首诗是歌颂西周名将仲山甫，为送他出征而作。这几句诗的意思是说他一定会不负王命,平定叛乱,安抚百姓,表达了对品德高尚、勇猛英武、不欺软怕硬、不凌弱惧强的品格的赞誉。

孔子提倡"视死如归"。原意就是面对死亡要像回家一样从容。畏惧死亡是人之常情,但是还有比死更为重要的事情,那就是"义"。这句话强调,有时候为了维护"义"、成就"义",就应该直面死亡,平静地对待死亡,也就是"舍生取义"。

"仁者必有勇,勇者不必有仁。"(《论语·宪问》)。有仁德的人一定会很勇敢,但是勇敢的人不一定有仁德。这句话表达了"仁"与"勇"的关系。有仁爱之心的人一定会见义勇为、舍生取义,这才是真正的"勇敢";而某些看起来勇敢的人,却不一定都是为"义"而勇,也许只是意气之勇,在他们的心中未必有仁爱之情。

"仁者不忧,知者不惑,勇者不惧。"则是说有德行的人不会忧虑,有智慧的人不会迷惑,有勇气的人不会畏惧。这是孔子认为君子应该具备的三种品质,也是一种完美的人生境界。有仁德的人能够宽厚爱人,所以无所忧虑;有智慧的人能够辨明是非,所以不会迷惑;有勇气的人能够临危不惊,所以无所畏惧。一个人具有这三者中的一种品质已属难得,三者兼备,更是不易。孔子坦言自己也没能做到,不过他的学生子贡却说这是"夫子自道",意思是说这正是孔子的自我描述。孔子在学生的心目中,就是仁、智、勇的化身,如果连他都不具备这三种品质,那世间谁还能做得到呢?

荀子也讲"义之所在,不倾于权,不顾其利"。道义所在,不会倾向于权势,也不会只顾私利。这句话是在谈论一个人的"大勇"时说的。他们不屈不挠,勇往直前,不畏权势,不为一己私利,所以会得到民众的支持。

德行比才能更重要

【原文】 子曰："如有周公之才之美，使骄且吝，其余不足观也已。"（《论语·泰伯》）

【大意】 孔子说："即使有周公那样的才能和那样美好的德行，只要骄傲吝啬，那他其余的一切也都不值一提了。"

才能资质属于才的方面，骄傲吝啬属于德的方面。

才高八斗而德行不好，圣人连看也不看他一眼，只有德才兼备才是完美的人才。

如果二者不能兼备，应舍才而取德。

今天我们的用人之道，我们选拔和培养跨世纪的人才，似乎依然坚持的是这个原则。当然，其德和才的内涵都已不可同日而语。

至于周公本人，不但不骄不吝，而且是谦逊大度的典范，这也是人所共知而毋庸赘言的了。

"德不高则行不远"是做人观，做事首先要做人。我们相信：只有品德高尚的人，才能获得真正的成功；只有德才兼备之人，才能与之一起患难与共，荣辱共担；只有有品行端正的员工，才可能有长盛不衰的企业。

孔夫子教导我们，德育是整个教育的基础，所以抓教育首先要抓德育；孔夫子还告诉我们，德育本身也有基础，要抓德育就要狠抓这个基础。所谓"君子务本，本立而道生"。"务本"就是要"抓根本"，也就是抓基础。这里的"本"即做人的根本，务本就是要学会做人，学会做一个有高尚道德、高尚人格的人。

"教会做人"不仅是孔子提倡的德育目标，也是当代教育理念中所提倡的德育目标。如"国际21世纪教育委员会"在其所提出的"教育四大支柱"中明确把"学会共同生活"作为教育的基础。而学会共同生活就是要学会设身处地去理解他人,要与周围的人友好相处,并从小培养为实现共同目标而团结合作的精神。这实质上就是要教会学生如何做人。

显然,这里涉及的是伦理道德教育,目的是要建立良好的人际关系。强调要把"学会共同生活"作为教育的基础,就是强调要把教会如何做人的道德教育作为整个教育的基础。所以我们应当把"学会做人"作为一个口号响亮地提出来,一切德育工作都要围绕"教会学生做人"这一目标来展开,培养人的工作才会有成效("本立而道生")。

孔子心目中有高尚道德的人是有仁爱之心的人,也就是能"泛爱众""博施于民而能济众",即对大众博爱,能为人民大众办事情、谋福利的人。

为了使这个高尚的道德目标具体化,以便通过社会教化和自我修养来逐步达到,孟子在继承和发扬孔子的"教人做人"思想的基础上进一步提出了"人格教育"问题。其基本内容是:教人做人就是要教学生做一个人格完善的人,道德教育就是人格教育。按孟子的话说就是实施"人道":使人明白做人的道理,明白"人兽之别",从而逐步完善自己的人格。

他明确指出:"人之有道也,饱食、暖衣、逸居而无教,则近于禽兽。"(《孟子·滕文公》)意思是说,如果只讲究吃饱、穿暖、居住安逸而不受教育,人就会失去人格,和禽兽差不多。为此他在"性善论"的基础上论证了人格教育的基本内涵应为:"仁、义、礼、智、孝、悌、忠、信"八德,这也就是孟子道德教育的基本内容。

这样,孟子就明确地回答了要让学生做一个什么样的人的问题。但是,由于孟子的"性善论"含有唯心主义先验论色彩,其八德并未被后人完全认同。在后世儒家中还有不少学者推崇管仲的"四维"说:"国有四维,一维绝则倾,二维绝则危,三维绝则覆,四维绝则灭。倾可正也,危可安也,覆可起也,灭不可复错也。何谓四维?一曰礼,二曰义,三曰廉,四曰耻。礼不逾节,义不自进,廉不蔽恶,耻不从枉。故不逾节则上位安,不自进则民无巧诈,不蔽恶则行自全,不从枉则邪事不生。"(《管子·牧民》)

这些学者认为可用"礼、义、廉、耻"作为完善人格的标准，即作为道德教育的基本内容。如汉代的贾谊和清代的顾炎武等大学问家均对四维说十分赞赏。

在20世纪30年代，"新生活运动"就曾主张以"中华民族固有之德行礼、义、廉、耻为基准"，认为这是"古今立国之常经"。但是由于管仲的四维只讲"礼、义、廉、耻"不提"孝、悌、忠、信"，并不能涵盖完美人格的全部内涵，所以有较大的片面性。

新加坡前总理李光耀在全面总结儒家学说的基础上指出，儒家思想的核心是"忠、孝、仁、爱、礼、义、廉、耻"，并以此八种德行作为新加坡政府的"治国之纲"和新加坡每一位公民都必须具有的道德品质。李光耀的这一英明之举已在新加坡取得极大成功。

孔子还说："骥不称其力，称其德也。"就是指对于千里马，不称赞它的力气，要称赞它的品质。

尚德不尚力，重视品质超过重视才能。

这是儒家的人才思想，也是我们今天选拔干部和人才的一个原则。

我们的确可以看到这样的现象，一个人如果品质不好、能力差也就算了，危害还不会太大。恰恰是一个能力非常强、智商非常高的人，如果品质败坏、野心很大，那他所造成的危害就会非常大，有时候会达到致命的程度，断送一个单位、一家公司，甚至于一个国家。

反过来说，一个人品质很好，能力虽然差一点儿，但他只要虚心好学，不断提高自己，也就会逐渐有所进步，把事情做得更好一些。

所以，人才的品质比能力更重要。这是我们在考察干部、选拔人才时不能不遵循的原则。当然，也不能因此而走向另一个极端，忽略人的能力，不尊重知识，不尊重人才。

比较全面地说，应该是德才兼备最好，二者不能兼备时，德重于才。

真金要靠火炼，关键时刻可识人

【原文】 子曰："岁寒，然后知松柏之后雕也。"（《论语·子罕》）

【大意】 孔子说："天气严寒以后，才知道松柏是最后落叶的。"

所谓"疾风知劲草，国乱识忠臣"，其实就是"岁寒，然后知松柏之后雕也"。现实些讲，就是说真金还得火来炼，判断一个人是君子还是小人，是肝胆相照、同甘共苦的益友还是为利而来的损友，在平时往往是很难看出来的，只有到了艰难困苦的逆境，甚至生死存亡的绝境，才能认清他的真实面目。

在你春风得意时，往往会高朋满座，仿佛都能为你"赴汤蹈火，在所不辞"，都是你"真正"的朋友。可是一旦你失势，身处逆境，大多数的"朋友"都会在你眼前消失。这个时候，还能在你身边的，才是真正的朋友。

在利益面前各种人的灵魂也会赤裸裸地暴露出来。有的人在对自己有利或利益无损时，可以称兄道弟，显得亲密无间。可是一旦有损于他们的利益时，他们就像变了个人似的，见利忘义，唯利是图，什么友谊，什么感情统统抛到脑后。比如，在一起工作的同事，平日里大家说笑逗闹，关系融洽。可是到了晋升时，名额有限，"僧多粥少"，有的人真面目就露出来了。他们再不认什么同事、朋友，在当面摆自己之长，揭别人之短，背后造谣中伤，四处活动，千方百计把别人拉下去，自己挤上来。事过之后，谁还敢和这种人交心认友呢？

当然，真正的朋友还是有的。在利益得失面前，每个人的心灵总会钻出来当众表演，想藏也藏不住。所以，此刻也是识别朋友和人心的重要时机。

　　进而言之，时间也是最公正的法官。有的人在一时一事上可以称得上是朋友；日子久了，共事时间长了，就会更深刻地了解他的为人、人品，"路遥知马力，日久见人心"，说的就是这个意思。如此长期交往，长期观察，便会达到这样的境界：知人知面也知心。

　　春秋末年，晋国中行文子被迫流亡在外。有一次经过一座界城时，他的随从提醒他道："主公，这里的官吏是您的老友，为什么不在这里休息一下，等候着后面的车子呢？"中行文子答道："不错，从前此人待我很好，我有段时间喜欢音乐，他就送给我一把鸣琴；后来我又喜欢佩饰，他又送给我一些玉环。这是投我所好，以求我能够接纳他，而现在我担心他要出卖我去讨好敌人了。"于是他很快地离去。果然不久，这个官吏就派人扣押了中行文子后面的两辆车，献给了晋王。

　　中行文子在落难之时能够推断出"老友"的出卖，避免了被其落井下石的灾难，这可以让我们看到，当某位朋友对你，尤其是你正处高位时，刻意投其所好，那他多半是因你的地位而与你结交，而不是看中你这个人本身。利尽而情随之亦绝，这类朋友很难在你危难之时施以援手。

　　通过逆境来检验人心，代价高、时日长，且过于被动，然而其可靠程度却大于依推理所下的结论。因此我们说："倒霉之时测度人心不失为一种稳妥的方法。"

第五章　练就火眼金睛——孔子如何看待小人

道不同,不相为谋

【原文】 子曰:"道不同,不相为谋。"(《论语·卫灵公》)

【大意】 孔子说:"志向不同,不在一起谋划共事。"

所谓"人各有志,不能强勉"。又所谓"燕雀安知鸿鹄之志"!其实都是"道不同,不相为谋"的意思。

当然,"道"在这里的外延较广,既指人生志向,也指思想观念、学术主张等。

伯夷、叔齐义不食周粟,饿死于首阳山。司马迁感叹道:"道不同,不相为谋。真是各人追随各人的志向啊!"(《史记·伯夷叔齐列传》)这是政治态度不同不相为谋的典型。司马迁又说:"世上学老子的人不屑于儒学,学儒学的人也不屑于老子。道不同,不相为谋。是不是说的这种情况呢?"(《史记·老庄申韩列传》)这是思想观念、学术主张不同不相为谋的典型。

其实,交友处世也须秉承执行"道不同,不相为谋"的原则。

在你的生活中,特别是在你为成功而奋斗之初,你可能需要寻求朋友的帮助,但是,你要注意,不要结交那些对你有害无益的朋友,不要被拖入他们的浑水之中。

我们的环境和朋友,对我们的一生有莫大的影响,可以说,交上怎样的朋友,就会有怎样的命运。

有这样一则寓言:

一只虱子常年住在富人的床铺上,由于它吸血的动作缓慢轻柔,富人一直没有发现它。一天,跳蚤拜访虱子。虱子对跳蚤的性情、来访目的、对己是否有利，一概不闻不问，只是一味地表示欢迎。它还主动向跳蚤介绍说："这个富人的血是香甜的，床铺是柔软的，今晚你可以饱餐一顿！"说得跳蚤口水直流，巴不得天马上黑下来。

当富人进入梦乡时，早已迫不及待的跳蚤立即跳到他身上，狠狠地叮了一口。富人在梦中被咬醒，愤怒地令仆人检查。灵活的跳蚤走了，慢腾腾的虱子却成了不速之客的替罪羊。虱子到死也不知道引起这场灾祸的根源到底是什么。

因此，在选择朋友时，你要努力与那些乐观积极、富于进取心、品格高尚和有才能的人交往，让这些同道之人成为你的朋友，这样才能保证你拥有一个良好的生存环境，获得好的精神食粮以及朋友的真诚帮助。这正是孔子所说的"无友不如己者"的意思。

相反，如果你择友不慎，结交了那些思想消极、品格低下、行为恶劣的人，你可能会陷入这种恶劣的环境难以自拔，甚至受到"恶友"的连累，成为无辜受难的"虱子"。

假如我们不慎交上了坏朋友，应采取敬而远之的态度，要知道：把一只烂苹果留在筐里，会使一筐的苹果都腐掉。

要结交懂得自尊自爱的朋友。因为一个人如果不自重，便无法尊敬别人。近朱者赤，近墨者黑，假使我们所结交的朋友都是懂得自尊自爱的人，相信大家都会互相尊重的。

与身心健全的人交往，不仅可以使自己得到别人的尊敬，而且也可以促进自己的身心健康，提高品德修养。

有自尊心而且身心健康的人，通常都有很强的个人主义意识，不喜欢轻易附和别人的意见。但其具有诚实的本性，不仅能忠实于自己，也能忠实于朋友。

他们为了保护自己，常常会表现出很强的自尊心，但这种自尊并不是我们一般所谓的"傲慢"，而且也丝毫不含一点"轻视"别人的意味，只是事事自己做主，不容他人插足而已。而且，这种人是无法忍受他人欺侮的，一旦有人欺侮他，就一定会遭到激烈的反抗！

另外，他们的心态一直很稳定，能与人愉快相处，以整体的观点来说，这种人是属于和蔼、意志高昂的类型。因此，很容易成功。

他们一般工作很卖力，也有经济独立的能力，过着安定、快乐的生活，能尽情地享受生活乐趣及休假的闲情。一般健康状况良好，很少生病。常受到人们的尊敬及喜爱，很清楚自己的能力，能将自己的感情恰如其分地表达出来。能控制自己，因此对自己的缺点并不十分苛求。能享受过去及现在的生活，对未来也充满希望。

有自尊心且身心健康的人，不仅能在工作岗位上尽忠职守，而且也能在人生的过程中享受到真正的乐趣。如果我们本身就是一个有自尊心且身心健康的人，一定能够很轻易地分辨出别人是否和你具有同样的性格，然后有选择地结交朋友。

"道不同，不相为谋"，反过来就是说道相同，则可以为谋。无论是分清小人和君子还是要结交真正的朋友，都要以此为评判标准。

小人是地雷，踩上会爆炸

【原文】子曰："君子坦荡荡，小人长戚戚。"（《论语·述而》）

【大意】孔子说："君子心胸宽广坦荡，小人经常心绪不宁。"

君子光明磊落，不忧不惧，所以心胸宽广坦荡；小人患得患失，忙于算计，又每每庸人自扰，所以经常陷于忧惧之中，心绪不宁。

然而，小人如果只管自己的"戚戚"那就不叫小人了，小人的讨厌之处在于：由于他们经常心绪不宁，所以就会整天处于攻击状态，一旦有人不小心招惹了他们，那他们就会无休不止地纠缠。

一个人如果遇上了小人，就不得不十二分小心了。小人一般居心不良，恐怕会为你成大事设下障碍。而小人又善于伪装，就像埋在土里的地雷，用眼睛不易发现，不小心踩上就会爆炸，这就需要人们花点心思去辨别和寻找。

防范难缠的小人古代圣贤早有理论，更有实践经验，也有可供操作的方法。这些方法体现了社会的复杂和人生的智慧。有道是"魔高一尺，道高一丈"，小人再聪明再狡猾，总有让人可辨之迹，有可防之术。

西汉御史大夫张汤为人狡黠多诈，滥施刑罚，办事专门迎合皇帝的心意。对皇帝不喜欢的人，就妄加诬蔑，任意诽谤；对皇帝喜欢的人，就胡乱吹捧，极力美化。他利用御史大夫的职权，经常随意罗织罪名，弹劾大臣，残害同僚。

张汤对他的副手御史中丞李文怀有宿怨。张汤最宠信的小吏鲁谒居，为了替主子铲除政敌，邀功献媚，就悄悄地派人上书皇帝，用罗织来的罪名检举李文。于是，皇帝命令张汤来审理这个案件。张汤借机滥引法律条文,施以酷刑,终于诛杀了宿敌李文。后来皇帝偶然问起案发原因,张汤假装自己不知情,故作吃惊地说:"可能是李文的仇家干的。"

其实,张汤做贼心虚。退出之后,急忙赶往鲁谒居家密商对策。此时,正赶上鲁谒居卧病在床。当张汤看到鲁谒居的两脚红肿时,就亲自给他按摩双脚。这事正好被赵王刘彭祖看见了。刘彭祖心想,从没听说过一个主管长官竟然如此服侍一个小吏,由此判断其中必有隐情,加上刘彭祖素来不满张汤的残暴,于是,向皇帝告发说:"张汤身为国家重臣,竟然给卑贱的小吏按摩双脚,我认为其中有不可告人的勾当。"皇帝将此事交给司法部调查。调查期间,鲁谒居正好病死,他的弟弟受到牵连,因而被囚禁了起来。一天,张汤恰好去监牢里提审犯人,看见了鲁谒居的弟弟。张汤本打算暗中营救,所以表面上假装不认识。这样一来,鲁谒居的弟弟误解了张汤的意思,心中既害怕又愤怒。于是,一不做,二不休,叫他的家人上书皇帝,揭发了张汤与他哥哥鲁谒居共谋陷害李文的经过。皇帝得到举报,命令立案审理。

这是见于《资治通鉴》的一幕官场上权力斗争的闹剧。引述于此意在说明赵王刘彭祖能够见微知著,透过现象看本质,从张汤为小吏"摩脚"一事,洞察其中的阴谋。这确是一种较为高深的知人防人谋略。

有"心机"的人稍微留意一下,就不难发现投机型的人善于察言观色,脸皮很厚,把自己作为商品,谋求在"人才市场"上讨个好价钱。这种人即使在工作上也好讨价还价,往往对目前雇用他们的公司施加压力,以使该公司的领导给他们晋升或加薪的机会。或者他们在工作上不安分,但却热衷于往上司那儿跑,为的是和上司套近乎,不是凭工作成绩得到上司的重用和提拔,是想通过和上司的私人关系而得到好处。

另外,投机取巧的人一般嘴甜、心细、脸皮厚,他们即使是做错了事,也往往会把责任转嫁和推卸到其他人身上去。而一旦有了功劳,他们又会极力吹嘘自己的贡献和业绩,生怕上司不知道。还有,上司在场和不在场,他们的表现就完全不一样。上司在的时候,他们肯定是最勤劳的,连脸上的汗水也不会去擦,就是想给上司一个好印象;上司一旦离开,他们就待在一旁休息了。

当然，光凭眼睛是很难发现这些人的伎俩的，因为他们很会伪装自己，作为领导只有多做调查、多听取其他下属的意见，才能看到其真实面目。

对于这种人，无疑是不能重用的，他们在哪个单位任职，哪个单位就会被他们搞得乱糟糟。因此，你一旦发现你的下属中有投机取巧之人，要毫不客气地把他们撤换掉。

第五章 练就火眼金睛——孔子如何看待小人

和小人保持距离

【原文】子曰:"唯女子与小人难养也,近之则不孙,远之则怨。"(《论语·阳货》)

【大意】孔子说:"只有女子和小人是不好和他们相处的,亲近了就会放肆无礼,疏远了则会产生怨气。"

孔子这段话后世争议很大,主要在其泛指天下的女子。如果考虑时代的限制,去掉女子,单看孔子对小人的评价,那还是非常有道理的。

仇视小人固然足以显出你的正义,但并不是保身之道,反而凸显了你的正义的不切实际,因为你的"正义"恰好暴露了这些小人的无耻、不义。

所以,和小人保持距离就好了,尤其是小人与十恶不赦之人不同,不必疾恶如仇地和他们划清界限,他们也是需要自尊和面子的。要知道,连孔圣人对小人都是无可奈何,"敬"而远之的呀。

现实生活中,"小人"随时随地都有,这种人常常是一个团体纷扰之所在,他们造谣生事、挑拨离间、兴风作浪,很令人讨厌,所以有些人不但敬而远之,甚至还抱着仇视的态度。

再坏的人也不愿意被人批评"很坏",总要披一件伪善的外衣,这是人性,而你特意凸显的"正义",却照出了不少人的原形,这不是故意和他们过不去吗?

君子不畏谣言不畏攻讦,因为他问心无愧。小人看你暴露了他的真面目,为了自保,为了掩饰,他是会对你展开反击的。也许你不怕他们的反击,也许他们也奈何不了你,但你要知道,小人之所以为小人,是因为他们始终在暗处，用的始终是不法的手段，而且不会轻易罢手。你别说你不怕他们对你的攻击，看看历史的血迹吧，有几个忠臣抵挡得过奸臣的陷害？

《呻吟语》的作者吕坤说："处小人，在不远不近之间。"这和孔子的想法如出一辙。过分地接近小人，对自己而言是一种负担，冷落了他，又会招致嫉恨，不知其心怀何鬼胎。所以，保持适当的距离才是上策。

书中又说："由于喜欢蛇，而贸然出手去抚摸它，往往会被它咬噬而中毒；倘若因为不喜欢老虎，而动手击打它，同样也会被老虎吞噬。"因此，必须远离老虎和蛇，即所谓的"敬鬼神而远之"。这里的老虎和蛇就是指小人。现实中每个人身边都会有小人，对这种人一定要提防，不要笨拙地出手，以免招致不必要的伤害。

同孔子一样，中国另一位贤哲庄子也说过："小人之交甘如饴。"意思是说人与人之间的交往倘若像甘饴一般粘住对方，时间久了，关系就必然疏远。与朋友相交，需要保持适当的距离，否则容易两败俱伤，友谊无法永久持续。

世事如棋，变化无常。圣人们的告诫和历史的教训都告诉我们这样一个道理：要和小人保持距离。

第六章　中庸之道，过犹不及
——孔子的思想与现代人追求成功的心态

中庸是孔子立身行事的最高标准，也是《论语》一书的主要思想。在《雍也》篇中，孔子说道："中庸之为德也，其至矣乎！"将中庸推崇为至高无上之德。

对于现代人来说，生存的竞争愈来愈激烈，成功对于每个人都变得"异常困难"。这时，我们显然需要一种正确的心态来支持我们追求成功、面对成功。而孔子的中庸之道在这一方面对我们具有指导意义。

高尚的道德修养是成功的基础

【原文】子曰:"见贤思齐焉,见不贤而内自省也。"(《论语·里仁》)

【大意】孔子说:"见到有德行的人就向他看齐,见到没有德行的人就反省自身的缺点。"

《法句经》说:"人若知爱,则应慎护自己。有心者应于三时之一,严以自我反省。"

儒者的自我反省既不是为死后进天堂,也不是为赎人类与生俱来的原罪反省,而是为现世的自我完善而进行人格解剖。因此,是一种现实的自我认识,具有鲜明的理性批判精神。

事实上,自我反省包括许多方面。大凡想成功者都要学会理智地反省自己的方方面面。

古人说"君子不可不修身",又说"修身齐家治国平天下"。中华民族历来重视个人的道德修养,认为"修身"是很多事情的先决条件。

一批应届毕业生到国家某部委实验室参观。先前等待时服务员给大家倒水,同学们表情木然,其中一个还问道:"有绿茶吗?天太热了。"当给林晖倒水时,他轻声说:"谢谢,大热天的,辛苦了。"部长来了,和大家打招呼,只有林晖鼓了几下掌。部长讲了一番话后给大家发纪念手册,同学们都很随意地用一只手接过部长双手递过来的手册,只有林晖双手接过,并恭敬地说了一声"谢谢您"。两个月后,部委实验室录用了林晖。林晖并不是这批学生里成绩最好的,因此有些同学颇感不满。导师却说:"其实你们的机会完全一样,你们中很多人的成绩比他好,但是除了学习之外,你们需要学习的东西太多了,修养是第一课。"

高尚的道德修养是立身之本，是成功的重要基础。从很多成功人士的例子中，我们能体会出高尚的道德修养是成功必备的素质。

香港超人李嘉诚，在创业初期资金极为有限。一次，一位外商希望大量订货，但他提出需要富裕的厂商作保。李嘉诚努力跑了好几天，仍无着落，但他并没有捏造事实，或是含糊其辞，一切据实以告。那位外商深为他的诚信所感动，对他十分信赖，说："从阁下言谈之中看出，你是一位诚实君子。不必其他厂商作保了，现在我们就签约吧。"

虽然这是个好机会，但李嘉诚感动之余还是说："先生，蒙您如此信任，我不胜荣幸。但我还是不能和您签约，因为我资金真的有限。"外商听了，极佩服他的为人，不但与之签约，还预付了货款。这笔生意使李嘉诚赚了一大笔钱，为以后的发展奠定了基础。正因为李嘉诚始终坚持"坦诚第一，以诚待人"的原则，生意经营不断获得巨大成功。

一个人正确的思想意识和高尚的道德的形成，需要一个不断改造的过程，而不断改造，就需要有"见贤思齐，见不贤而内自省"的态度。

"人贵有自知之明"，其潜在含义常常是要人们多看看自己的缺点，不要自满，等等。其实这种专挑缺点的"自知"并没有多大积极意义，它只使人明白什么是要避免的，但不能告诉自己什么是要发展的。要知道君子"见贤思齐焉，见不贤而内自省也"，现代人虽然可能达不到古代君子的内省标准，但在生活中也要不断地进行自我评价。自我评价的方向和内容与人的成功有很大的关系，只看自己的缺点好像千百遍地听人说"你这不行，你那不行，不准干这，不准干那……"但从来不知道自己哪儿行，不知道要干什么，这种情景是令人非常绝望的。然而，如果自我评价的方向是正确的、自我肯定的，个体不仅会由此产生积极的情感体验，同时将更有可能发展出好的行为，产生良好的结果。

英国作家萨克雷曾说："生活是一面镜子，你对它笑，它就对你笑；你对它哭，它也对你哭。"成功的到来也正如一副对联：说你行你就行，不行也行；说不行就不行，行也不行。这副对联应该有一个画龙点睛的横批，那就是"自我反省"——你认为你行，你就能行；你认为你不行，那就真的不行。

态度决定一切

【原文】 子曰:"色难。有事弟子服其劳,有酒食先生馔,曾是以为孝乎?"(《论语·为政》)

【大意】 孔子说:"在父母面前保持和颜悦色的态度最难能可贵。有事情晚辈出力,有酒菜长辈吃喝,这难道就是孝了吗?"

行为和态度其实是一个问题的里外两面。《礼记·祭义》说:"孝子之有深爱者必有和气,有和气者必有愉色,有愉色者必有婉容。"所以,孔子回答子游和子夏的两段话实际上是同样的意思。无论你是否为老人做事,也无论你是否拿好吃的给老人,只要你内心不恭敬,态度不好,脸色难看,就是失去了孝道的根本。这一点,尤其值得我们今天的年轻人注意。而更应引起我们所注意的是做事的一种态度。同样完成一件事,不同的态度结果可能不同。

在生活的各个方面,态度都是一个大问题。健康积极的态度是面对一系列问题所必不可少的,从某种意义上讲,前国足总教练米卢的"态度决定一切"是非常正确的。

一位心理学家在研究过程中,为了实地了解不同人对于同一件事情在心理反映上的差异,来到一所正在修建中的大教堂,对现场忙碌的敲石工人进行访问。

心理学家问遇到的第一位工人:"请问你在做什么?"

工人没好气地回答:"在做什么?你没看到吗?我正在用这个重得要命的铁锤,来敲碎这些该死的石头。而这些石头又特别硬,害得我的手酸麻不已,这真不是人干的工作。"

心理学家又找到第二位工人，问他："请问你在做什么？"

第二位工人无奈地答道："为了每天的500元工资，我才会做这种工作。若不是为了一家人的温饱，谁愿意干这份敲石头的粗活？"

心理学家问第三位工人："请问你在做什么？"

第三位工人眼中闪烁着喜悦的神采："我正参与兴建这座雄伟华丽的大教堂。落成之后，这里可以容纳许多人来做礼拜。虽然敲石头的工作并不轻松，但当我想到，将来会有无数的人来到这儿，再次接受上帝的爱，心中便常为这份工作献上感恩。"

故事中三个工人对于自己那份工作的态度，正反映出人们对于人生的看法。而你愿意用哪一种态度来看待自己将来的前程呢？

或许在过去的岁月中，我们时常怀有类似第一位或第二位工人的消极看法，认为人生就是无尽的苦海，每天只好怀着抱怨活下去；或受困于生活的无奈，为五斗米折腰，一日复一日，过着贫困的生活。

你过去对人生的态度如何，并不重要，毕竟那是已经过去的了，重要的是，你对未来的态度又是如何？

你可以选择如以往一般，继续消极地过下去，每天谩骂、批评、抱怨，四处发牢骚，那是轻易而无须学习便可办到的。问题是，你真的愿意让自己的一生被这些垃圾填满吗？还是你愿像故事中的第三位工人那样，怀抱积极乐观的态度，虽然知道自己的工作并不轻松，但却为更多人能获得的好处，即使自己辛苦工作也在感恩。

真正的积极思想者，是能够运用智慧，审慎判断当前的难处，从中找出正面的定义，给予肯定的评价，并从中看出未来的美好结果，同时为此深深地感恩。积极的思想者必须具备能够看清消极面的能力，且拒绝让自己与消极意识共浮沉，愿意以积极的态度迎接更光明的人生。

让你的思想积极乐观，你已成功了一大半。

不要有贪欲

【原文】 子曰："吾未见刚者。"或对曰："申枨。"子曰："枨也欲，焉得刚？"（《论语·公冶长》）

【大意】 孔子说："我没有见过刚毅的人。"有人说："申枨是这样的人。"孔子说："申枨有贪欲，怎么可能刚毅呢？"

有贪欲就不可能刚毅。

这里也有另一种说法：彻底的唯物主义者是无所畏惧的。

要是不彻底呢？那就有所畏惧了。

欲与刚的关系也是这样。

无欲则刚。

无欲不是指一点儿欲望没有，像个木头人或非出家不可，而是说没有过分的欲望——贪欲。没有贪欲，就可以做到"软硬不吃"，坚持自己做人的原则，至大至刚。

一旦有了贪欲，不是"吃人家的口软，拿人家的手短"，就是"英雄难过美人关"，哪里还谈得上什么刚毅呢？

在"没有金钱是万万不能的"的时代，贪污腐败成为社会的一大公害，其根源和背景固然是相当复杂，但从贪污腐败者个体的情况来看，无一不是因为欲壑难填。这正如孔圣人所说的那样："申枨有贪欲，怎么可能刚毅呢？"不管你职位多高，资历多老，一旦陷入贪得无厌的欲望之中，就会成为金钱和物质的奴隶，陷入万劫不复的深渊之中，身败名裂，还有什么刚毅可言呢？

所以，从某种意义上来说，反腐倡廉就是节制贪欲。

当然我们并不是一味提倡禁欲主义，不能走向另一个极端。

晋代陆机《猛虎行》有云："渴不饮盗泉水，热不息恶木荫阴。"讲的就是在诱惑面前的一种放弃，一种清醒。

以虎门销烟闻名中外的清朝封疆大吏林则徐，便深谙放弃的道理。他以"无欲则刚"为座右铭，历官40年，在权力、金钱、美色面前做到了洁身自好。他教育两个儿子"切勿仰仗乃父的势力"，实则也是他处世的准则。他在《自定分析家产书》中说："田地家产折价三百银有零""况目下均无现银可分"，其廉洁之状可见一斑。终其一生，他从来没有沾染拥姬纳妾之俗，在高官重臣之中恐怕也是少见的。

在我们的现实生活中，也需要有一种放弃的清醒。其实，若身处物欲横流、灯红酒绿的环境中，摆在每个人面前的诱惑实在太多，特别是对有权者来说，可谓"得来全不费工夫"。这就需要保持清醒的头脑，勇于放弃。如果抓住想要的东西不放，甚至贪得无厌，就会带来无尽的压力，痛苦不安，甚至毁灭自己已有的成功。

人生是复杂的，但有时又很简单，甚至简单到只有占有和放弃。应该占有的完全可以理直气壮，不该占有的则当毅然放弃。占有往往容易心地坦然，而放弃则需要巨大的勇气。若想驾驭好生命之舟，每个人都面临着一个永恒的课题：学会放弃！

俄国作家托尔斯泰写过一则短篇故事：有个农夫，每天早出晚归地耕种一小片贫瘠的土地，但收成很少。一位天使可怜农夫的境遇，就对农夫说，只要他能不断地往前跑，他跑过的所有地方，不管多大，那些土地就全部归他。

于是，农夫兴奋地向前跑，一直跑、一直不停地跑！跑累了，想停下来休息，然而，一想到家里的妻子、儿女，都需要更多的土地来生活，所以，他又拼命地再往前跑！真的累了，农夫上气不接下气，实在跑不动了！

可是，农夫又想到将来年纪大了，可能无人照顾，需要钱，就再打起精神，不顾气喘不已的身子，再奋力向前跑！

最后，他体力不支，"咚"的一声倒在地上，死了！

的确，人活在世上，必须努力奋斗。但是，当我们为了自己、为了子女、为了有更好的生活而必须不断地"往前跑"、不断地"拼命赚钱"时，也必须清楚地知道何时该"往回跑"！因为妻子、儿女正眼巴巴地倚着门等你回来呢！

　　人要生存，就需要满足最基本的需求，但又不可贪得无厌，因为人生所追求的不仅仅是最基本的需求。因此，人不可存太多的贪欲，否则便真的会跌入万劫不复的深渊了。

勇于探索，为了理想奋斗不息

【原文】子曰："朝闻道，夕死可矣！"（《论语·里仁》）

【大意】孔子说："早上悟得真理，就是当晚死去也没有什么遗憾了！"

哥白尼说："人的天职在勇于探索真理。"

"朝闻道，夕死可矣！"正是一种探索真理，献身真理的态度和精神。

夏明翰说："砍头不要紧，只要主义真。"真理比生命更重要，自然可以"朝闻道，夕死可矣"！

真正的理想主义者是能够做到死而无憾的。

孔子的目标、原则经过深思熟虑形成之后，始终没有动摇过。他坚定的原则性，完全可以沿用"富贵不能淫、贫贱不能移、威武不能屈"三句话来形容。孔子曾做过大司寇，得到过季恒子的重用，如果孔子放弃原则，与季恒子同流合污，完全可以享受荣华富贵。但是他弃高位如敝屣，毅然地走上了周游列国寻找理想的路。在那颠沛流离的日子里，他受到多次威胁利诱，每次都以必胜的信念、积极乐观的精神克服了困难。而一次又一次的碰壁，更使孔子明白了自己的理想不能在当时实现，但他却仍"知其不可为而为之"，坚定地努力奋斗着。

颜渊是孔子最得意的门生，他最理解孔子。他说："夫子之道至大，故天下莫能容。虽然，夫子推而行之，不容何病？不容然后见君子！"天下人见识浅陋，理解孔子的人少，能追随孔子的寥若晨星，这对于孔子的形象丝毫无损，更因此显示出孔子的高风亮节。孔子的信心和实践的勇气来自对自己事业合于仁道的信念，不能凭己之力实现，也要尽自己的一份光和热来照彻后世，启迪后人。孔子是一个终其一生都在努力奋斗的实干家。他的精神熏陶了一代又一代的中华国魂。诸葛亮"鞠躬尽瘁，死而后已"；文天祥以死殉国，不做元朝宰相，写下了"人生自古谁无死，留取丹心照汗青"那样掷地有声的诗句；张居正在写给侄子的信中表达了自己以身报国的心志；林则徐不计个人荣辱，抗击洋人，历经磨难，死而无憾……这些历代名臣都有一颗为国家为天下负责到底的心，故能如此坦然地对待荣辱生死。

与孔子的人生观不同的是接舆、长沮、桀溺等消极避世的隐士。隐士不是不关心国家和天下大事，而是太过于关心，以致在时代已无可挽救时走开了，把自己置于事外。他们以其他方式希望国家太平，希望老百姓过好日子。做隐士的人多信奉道家，以"因应顺势"为自己立身处世的原则。对儒家的"生当作人杰，死亦为鬼雄"的气概，他们是不以为然的，以为这样无法真正对社会有所贡献；隐士以为天下滔滔，时代到了末路，你不可能兼济天下，只有来个独善其身，保存实力，以期世风改良而有为于天下。所以他们把孔子周游列国，在不可为之世推行仁道看作是不明智之举，因为这可能行仁政不成，反遭杀身之祸，既不能平天下，造福于黎民，又空耗了社会精英，少了将来的忠臣，这样只身不能挡滔天洪流，倒不如待潮退浪落，风平浪静时再扬帆远行。隐士们对孔子或惋惜或讽劝，正是出于这个原因。

孔子以为为人就须行仁，就得立于世间，为人类尽力，这是人之为人的责任，不可逃避。世事纷乱，纲常败坏，如果做隐士逃避时代，只显示出没有面对现实的勇气，无仁人之心，把自己混同于鸟兽。人是一个社会产物，不与社会接触，忘了社会秩序和形态，就已不是真正的人了。况且，做个"避世之士"干净地抛弃这个时代，是不可能的。我们只有肩负起恢复社会秩序的责任，以天下兴亡为己任，这才符合人之义。孔子乐意忍受磨难和别人的误解，为明知不可为之事而努力，把自己贡献给国家和天下，行的是仁人之义。

孔子乐于自我牺牲，孜孜不倦地行仁道，应作为我们立身处世的借鉴。为了自己的理想，永不惰怠，永不止息，敢于面对严峻的现实，勇敢地接受挑战。

成功离不开坚持

【原文】 子曰："回也，其心三月不违仁。其余则日月至焉已矣。"（《论语·雍也》）

【大意】 孔子说："颜回呀，他的心长期不违背仁德。其余的学生就只有在短时间里做到了。"

只要有恒心，铁杵磨成针。

成功难在何处，不只是方法，不仅是目标，难就难在"恒心"二字，换句话说就是坚持。

举凡做事、学艺、锻炼身体，世上事几乎无不适合这一规律。而孔子更将它当成了进德修业的关键所在——仁心的修养。

如果我们对杰出的成功人士做一个调研，就会发现，他们中大多数都具有持之以恒的耐性和韧性。而他们也正是靠这个，才使自己一步步走向成功。

不要对自己太没有信心，客观条件并不能完全地将你限制。只要我们拥有强大的毅力和耐心，坚定一种必胜的信念，勇敢地与困难作斗争，一定能有所成就。做事要有不达目的决不罢休的心态，只有这样，才能克服困难，最终取得成功。

法国著名的生物学家巴斯德说："告诉你使我达到目标的奥秘吧，我唯一的力量就是我的坚持精神。"居里夫人说："人要有毅力，否则将一事无成。"有许许多多与成功无缘的人，他们并不是缺乏追求的目标，而是经常在遇到困难的时候便放弃目标，没有持之以恒的精神。因此你一旦下定决心要追求一个有价值的目标，就应该全力以赴，勇敢地坚持下去，到达目的地之前，决不放弃。道理虽然谁都懂，可实际做起来并不是一件容易的事情。这一点，我有位朋友小朱感受颇深。

小朱外号"朱八届"，为何得此名，这还要从他考大学的经历说起。他姓朱，在班里学习成绩很一般，在老师和同学们的心目中，绝不是一个成绩优秀的学生，考大学对他来说，只不过是一个美丽的梦。但他一心想考上大学，因为他不甘心一辈子待在面朝黄土背朝天的农村，他要飞出农村，干出一番事业。为此，他学习十分刻苦，但由于基础薄弱，头一年高考落榜了。他没有灰心，打算明年再考，结果第二年又名落孙山。他还不甘心，这辈子如果考不上大学决不罢休，于是第三年又接着考，仍然榜上无名。乡亲、同学和朋友都劝他别再考了，他的父亲失望地对他说："不是那块料儿，别再费力气了，白搭，还是回家安心种地吧！"

小朱听了父亲的话，并没有灰心，他含着泪对父亲说："爸，你再给我一次机会吧，我相信一定能考上。"

听了儿子的乞求，父亲心软了，同意让他再考一年，不过父亲告诉儿子，如果再考不上，就别把青春都浪费到这里，赶紧回家结婚，不能耽误了他老人家抱孙子。第四年小朱又没考上，于是第五年又考，父亲气得不管了。可惜的是第五年又没考上，于是他又考，功夫不负有心人，终于在第八个年头他如愿以偿。连续考了八年，用他自己的话说："经过八年抗战，中国人民把日本侵略者都打跑了，何况是考大学呢？只要有恒心，铁杵磨成针。"

经过八年才考上大学，有人会感到不可思议，甚至会嘲笑他、挖苦他。但事实上，他的这种愚公移山坚持不懈的精神十分可嘉，抱一守终，定会有所收获。"君子有恒，他的德行就忠贞不变。"无论是工作还是学习，没有恒心则无成。古今中外的成功人士，有哪个不是在其从事的领域中练就恒心？哥伦布没有持之以恒的精神，就不会发现新大陆；瓦特没有恒心就不会发明蒸汽机，富尔顿没有恒心就不会发明轮船。

正如孔子所讲，难的不是"日月至焉"，而是"三月不违仁"。

做事也是如此，短期的坚持每个人都能做到，但要做到持之以恒，却不是每个人都能达到的。

  对有志于获得成功的人来说，就得不断地给自己"添草加柴"。成功贵在坚持，滴水可以穿石！正如梁启超所言："我学习上的毛病在于爱好广泛，学识肤浅，最大的毛病就是没有恒心，有获得马上就会失去，其他的事还可以效法我，这两样不能学我了。"所以，人贵有恒，坚持我们所追求的目标，永远不要放弃，这是成大事者必备的素质。

第六章 中庸之道，过犹不及——孔子的思想与现代人追求成功的心态

成功时得意可以，但切莫傲而忘形

【原文】子曰："孟之反不伐。奔而殿，将入门，策其马，曰：'非敢后也，马不进也。'"（《论语·雍也》）

【大意】孔子说："孟之反不自夸。兵败逃跑时他殿后，快入城门时，故意鞭打着他的马说：'不是我敢于殿后，而是我的马跑不快呀！'"

据《左传·哀公十一年》记载，鲁国与齐国作战，鲁军大败，作为统帅之一的孟之反留在后面掩护大军撤退。当大家都安全撤回而他最后到达时，他却故意鞭打着马说："不是我敢于殿后，而是我的马跑不快呀！"

孔子因而赞扬他不自夸的谦逊精神。

其实，孟之反不自夸，谦逊只是原因之一。原因之二还在于他不愿居功，以免引起其他将领和同僚的妒忌。

谦逊也好，不居功以免妒忌也好，这其实都是告诉我们得意时万不可忘形，尤其是在人际关系复杂的环境下，不锋芒毕露，不居功自傲的确是非常高深的修养。

对于一般人来说，踌躇满志、春风得意是人人都向往的境界。但得意者绝对不能忘形，对自己的言行举止、姿态形象一定要有清醒的认识，不要把尾巴翘到了天上，一旦露出失态的尾巴就很有可能被别人抓住，到那时也许连落水狗的命运都不如。

一位成功的大企业家曾经说过："当你经过千辛万苦使你的产品打开市场的时候，你最多只能高兴五分钟，因为你若不继续努力，第六分钟就会有人赶上你，甚至超过你。"

当你被上司提升或嘉奖的时候，常常会自鸣得意吗？如果是，那你就要好好学一番涵养的功夫，把你那因升迁而引起的过度兴奋压下去才好。你所拟的一生计划，当然是非常伟大的，但在你没有达到这个伟大目标之前，中途的一些小成功，可以说只是微乎其微的小事。也许在你实行一个计划时，一着手就大受他人夸奖，但你必须对他们的夸奖一笑置之，仍旧埋头去干，直到隐藏在心中的大目标完成。那时人家对你的惊叹，将远非起初的夸奖所能及。

美国汽车大王福特曾说："一个人如果自以为已经有了许多成就而止步不前，那么他的失败就在眼前了。许多人一开始奋斗得十分起劲，但前途稍露光明后，便自鸣得意起来，于是失败立刻接踵而来。"

石油大王洛克菲勒也说："当我的石油事业蒸蒸日上时，每晚睡觉前总是拍拍自己的额头说：'别让自满的意念，搅乱了你的脑袋。'我觉得我的一生受这种自我教育的益处很多，因为经过这样的自省后，我那沾沾自喜、自鸣得意的情绪，便可平静下来了。"

一个人的伟大与否，是可以从他对于自己的成就所持的态度上看出来的。努力累积你的成就，作为你更上一层楼的阶梯吧。

人生处在顺境和得意时，最容易得意忘形，终致滋生败象，乐极生悲。

看过特洛伊战争"木马屠城记"故事的人，都会记得特洛伊是怎样被毁灭的。特洛伊人与入侵的希腊联军作战，双方互有胜负，后来联军中有人献计，假装全部撤退，留下一匹大木马，并将勇士藏在马腹内，其他的主力部队亦躲在附近。特洛伊望见远去的军队，以为敌人真的撤退了，自己真的成功了，于是在毫无防备下，将木马拖入城内，歌舞狂欢，饮酒作乐。就在他们渐入梦乡时，木马中的勇士纷纷跳出，打开城门，里应外合，于是特洛伊灭亡了。

从这个故事中，我们可得到一个宝贵的教训：成功时不要高兴得太早，否则失意可能马上就来临。

有些人因为顺境连连而甚感欣慰，愉悦之情不时流露于脸上。然而，不能只顾着高兴，应该想想怎么才能维持好运，永葆成功。

希腊有名的雄辩家戴摩斯说："维持幸福，远比得到幸福困难。"同样的道理，成功得来不易，但更难的是在于如何保持你的成功。

成功在于勇敢争取

【原文】 子曰:"当仁,不让于师。"(《论语·卫灵公》)

【大意】 孔子说:"只要是行仁义的事,就是在老师面前也不必谦让。"谦让固然好,但有些事无需谦让。

在仁德方面无需谦让,在现实生活中,有些需要积极争取的,也不要退缩。

成功与失败的关键往往就在于是积极争取还是消极放弃。

有些时候看似毫无希望,其实只要以积极的心态去看待并以行动争取便有成功的希望。杰出人士之所以成功就在于他们拥有勇敢争取的心态。

一位女大学生刚毕业时,到一家公司应聘财务会计工作,面试时便遭到拒绝,原因是她太年轻,公司需要的是有丰富工作经验的资深会计人员。女大学生没有气馁,一再坚持。她对主考官说:"请再给我一次机会,允许我参加完笔试。"主考官拗不过她,答应了她的请求。结果,她通过了笔试,由人事经理亲自面试。

人事经理对这位女大学生颇有好感,因她的笔试成绩最好,不过,女孩的话让经理有些失望,她说自己没工作过,唯一的经验是在学校掌管过学生会财务。找一个没有工作经验的人做财务会计不是他们的预期,经理决定到此为止:"今天就到这里,如有消息我会打电话通知你。"

女孩从座位上站起来,向经理点点头,从口袋里掏出两块钱双手递给经理:"不管是否录取,都请给我打个电话。"

经理从未遇到过这种情况,一下子呆住了。不过他很快回过神来,问:"你怎么知道我不给没有录用的人打电话?"

"你刚才说有消息就打,那言下之意就是没录取就不打了。"

经理对这个年轻女孩产生了浓厚的兴趣,问:"如果你没被录用,我打电话,你想知道些什么呢?"

"请告诉我,在什么地方不能达到你们的要求,我在哪方面不够好,我好改进。"

"那两块钱……"

女孩微笑道:"给没有被录用的人打电话不属于公司的正常开支,所以由我付电话费,请你一定打。"

经理也微笑道:"请你把两块钱收回,我不会打电话了,我现在就通知你,你被录用了。"

就这样,女孩用两块钱敲开了机遇大门。细想起来,其实道理很简单:一开始便被拒绝,女孩仍要求参加笔试,说明她有很强的积极思维的能力和坚毅的品格。财务是十分繁杂的工作,没有足够的耐心和毅力是不可能做好的。她能坦言自己没有工作经验,显示了一种诚信,这对搞财务工作尤为重要。即使不被录取,也希望能得到别人的评价,说明她有面对不足的勇气和敢于承担责任的上进心。员工愿意把每项工作都做得十分完美,我们也可以接受失误,却不能接受员工自满不前。女孩自掏电话费,反映出她公私分明的良好品德,这更是财务工作不可或缺的。

两块钱折射出良好的素质和高尚的人品。而人品和素质有时比资历和经验更为重要。同时还反映出了一个问题,如果这个女孩在一开始遭拒绝就收兵,那么就不可能得到这份工作。但她不放弃,以勇敢的心态去主动要求、争取。她没有指望谁能帮上自己,因此凭借着自己的勇气突破了即将到来的败局,赢得了成功。

欲速则不达

【原文】 子夏为莒父宰,问政。子曰:"无欲速,无见小利。欲速则不达;见小利则大事不成。"(《论语·子路》)

【大意】 子夏做了莒父邑的长官,问怎样治理政事。孔子说:"不要图快,不要贪小便宜。图快反而达不到目的,贪小便宜就办不成大事。"

有这样一则寓言:一位一心想早日成名的少年拜一位剑术高人为师。他迫不及待地问师傅多久才能学成。师傅答曰:"十年。"少年又问如果他全力以赴,夜以继日要多久。师傅回答:"那就要三十年。"少年还不死心,问如果拼死修炼要多久,师傅回答:"七十年。"

你是不是很疑惑,为什么越努力所花费的时间越久?那我们看看下面的小故事,你是不是就明白了呢。

天色渐晚,一个卖橘子的想赶在城门关上之前走到前面的一座城。小贩问一位路人,他要什么时候才能抵达城门。路人回答说:"如果你慢慢走,关门之前能到达。如果你走得很快,就到不了了。"小贩感到很奇怪,没有领会路人的话,开始快速赶路。但是他走得太急,在拐弯处打翻了箩筐,橘子全滚落了下来。他不得不停下来捡拾满地的橘子,最终也没能在关城门前到达。究其原因,是因为小贩一心只想着赶路,而忽略的路况。

推而广之,那个想学剑术的人,因为他的心完全被渴望成名的思想所占领,没有时间领悟剑术的真谛。努力本身并没有错,可是期盼迅速成功、一夜成名的心态反而使自己欲速则不达。

既然欲速则不达,那么我们就应该脚踏实地、一步一个脚印地做好眼前的事。这些事情一个个都做好了,大的成功也就在眼前了。

  如果李时珍没有几十年如一日地采集整理草药，就不会有《本草纲目》的诞生；如果曹雪芹没有披阅十载、增删数次、呕心沥血地奋笔疾书，就不会有鸿篇巨制《红楼梦》的问世。达·芬奇在成名前，他脚踏实地认认真真练习，耐得住寂寞，一遍又一遍地画鸡蛋，苦练基本功，最后才成为赫赫有名的画家。越王勾践在战败后忍辱负重给吴王夫差牵马，他并没有急于报仇，因为他明白胜利不会一蹴而就，而是需要脚踏实地发展生产，积累军备，于是才有了"苦心人，天不负，卧薪尝胆，三千越甲可吞吴"的神话。贝多芬写《合唱交响曲》用了 39 年的时间，最终将无数次的灵感串联成了旷世佳作。如果他也急不可耐地希望完成作品，一个小时作完曲子，我们还能听见他发自内心的《欢乐颂》吗？

  可见，急于求成，心态浮躁，会把最简单、最熟悉的小事办糟；脚踏实地，一步一个脚印，坚持不懈，才能获得大的成功。

第六章 中庸之道，过犹不及——孔子的思想与现代人追求成功的心态

第七章　口才决定成败
——孔子关于说与不说的学问

"一言可以兴邦，一言可以丧邦"，孔子这句话用到我们每个人自身的成功上，能十分形象地说明细节的重要性。

现在不是流行"细节决定成败"吗，而说话就正是一个很重要的细节，有时甚至还是主体。一句话有时就可能影响你的成败，这一点我们不得不察！

好的口才可以避免祸端

【原文】子曰:"不有祝鲍之佞,而有宋朝之美,难乎免于今之世矣!"(《论语·雍也》)

【大意】孔子说:"没有卫国大夫祝鲍那样的口才,却有宋国公子朝那样的美貌,是很难免祸于当今社会的啊!"

据《战国策·秦策一》记载,当谋士陈轸与张仪同在秦惠王手下任职时,张仪向秦王中伤陈轸,说陈轸向楚国提供国家机密,并准备投敌叛国。秦王于是把陈轸叫来,要他解释解释这是怎么一回事,说清楚没事,说不清楚则把脑袋留下。陈轸不慌不忙地回答说:"如果我真向楚国出卖情报,楚王会用我吗?"接下来,陈轸向秦王讲了这样一个故事:一个楚人有两个妻子,有一个男人去勾引他的妻子。当这个男人去勾引年龄稍大的妻子时,遭到了痛骂。当这个男人去勾引年轻一点儿的妻子时,却获得了成功。不久,这两个女人的丈夫死了,当有人问那个男人要娶哪个女人做妻子时,那个男人却说要娶年龄稍大一点儿的做妻子。因为他认为那个年龄稍大一点儿的可靠,而那个年轻一点儿的,既然可以背叛她原来的丈夫,不同样也可以背叛新的丈夫吗?讲完这个故事后,陈轸对秦王说:"如果我真的向楚国出卖情报,不就像那个年轻一点儿的妻子吗?楚王怎么会信任我呢?"秦王觉得陈轸的说法很有道理,便更加信任陈轸,而不理会张仪的中伤了。

这就是口才免祸的实例。而这一类的例子,在历史记载中可以说是太多了。所以,口才的确不可以忽视。

值得我们注意的是,就孔子来说,虽然也知道口才的重要性,尤其是在他所处的那个时代的重要性，但他实际上并不太赞赏口才好的人。这不仅从他多次强调"敏于事而慎于言"，谴责"巧言令色，鲜矣仁"可以看出来，而且，当有人说冉雍有仁德没有口才时，孔子态度很明确地说："何必要有口才呢？靠口才对付人，常常惹人讨厌。"

可见孔子感叹没有口才难以免祸实际上是一种不满之情，是针对不良社会现象而发出的牢骚，只不过是"怨而不怨"罢了。

一个人说错话并不可怕，有些时候，说错话只要及时纠正就行，对方一般不会抓住你不放；但在另一些时候，说错话不仅不能纠正，还要将错就错，一错到底，把错的变成对的，因为这个时候你只有用你的口才说好错话才可能避免祸端。

清代大才子纪晓岚才华横溢，深得乾隆皇帝喜爱，于是在乾隆面前经常无所顾忌，不时口出"狂言"。

有一次，乾隆皇帝带着几个随从突然来到军机处。此时的纪晓岚正光着膀子和军机处的几个办事人员闲聊。其他人老远就看见皇上来了，连忙起身迎上前去接驾。由于纪晓岚是高度近视，刚开始没见走在最后面的乾隆，等他明白怎么回事的时候，乾隆就快到了。纪晓岚心中暗想：如果就这样光着膀子接驾，岂不是冒犯龙颜？干脆一不做二不休，他趁着别人不注意钻到桌子底下躲了起来。

这一切，早被乾隆看了个真真切切，他心中一阵好笑，有心想"整整"纪晓岚。

乾隆在椅子上坐定，示意其他人都不许出声。很长时间过去了，纪晓岚在桌子底下早待不住了，正好是大夏天，加上厚厚的桌布，把他给热得大汗淋漓。纪晓岚心中纳闷：怎么进来之后就没动静了？这么长时间，早该走了，该不是已经走了吧。想到这里，纪晓岚压低了嗓门，喊道：

"喂，有人吗？老头子走了吗？"

满屋子的人都听到了，大家忍不住都想乐，一听纪晓岚喊"老头子"，心想这一下子可有好戏看了。

乾隆也听得真真切切，板起脸，厉声喝道：

"纪晓岚，出来吧。"

纪晓岚一听是乾隆的声音，心想：完了，完了，这回可完了，只好无奈地从桌子下钻出来见驾。

乾隆一看纪晓岚光着膀子，满身大汗，惊慌失措的模样，心里一阵好笑：纪晓岚人称大清第一才子，居然这般模样。乾隆故意装作生气的样子，大声喝道：

"大胆的纪晓岚，你不见驾也就罢了，居然还敢说朕是'老头子'，你什么意思？今天你要不讲清楚，朕要了你的脑袋！"

到了这种境地，纪晓岚反倒镇静了许多，一边擦汗，一边苦思对策。忽然他灵机一动，有了主意，不紧不慢地说道：

"万岁爷请息怒，刚才奴才称您为'老头子'，只是出于对您老人家的尊敬，别无他意。"

乾隆一听更来气了：

"尊敬？好，你给朕说说怎么个尊敬法。"

"先说这'老'字，天下臣民每天皆呼皇上万岁、万岁、万万岁，您说这万岁、万万岁算不算'老'啊？"

乾隆没作声，只是点点头。

"再说这'头'字，家有千口，主事一人，如今皇上便是我大清国的主事之人，是天下万民之首，'首'者'头'也。故此称您为'头'。"

乾隆边听边眯着眼睛笑，很是满意。

"至于这'子'嘛，意义更为明显。皇上您贵为天子，乃紫微星下凡。紫微星，天之子也，因此称您为'子'。这便是我称您老人家为'老头子'的原因。"

乾隆听完抚掌大笑：

"好一个'老头子'，纪晓岚你果然是个才子。"

这就是一个典型的以口才逃脱祸端的例子。

交际场合中，人们难免会由于失言而惹祸。比如说错话，事实上谁也不想说错话，但这又是很难避免的，人非圣贤，孰能无过？这时，该怎么办呢？

从纪晓岚身上你应该会有所领悟，那就是不要就事论事，顺着一条思路走到底。要调整思维，换个角度，另辟蹊径，不但可以替自己打圆场，还能为你的言行平添几分雅趣。这就要靠你的应变能力了，而这种能力又是靠平时培养出来的。因此，要学会多角度分析问题，举一反三，旁征博引，能够自己证明自己的观点，自圆其说，那时，将错就错也就不为错了。

第七章　口才决定成败——孔子关于说与不说的学问

不必强争,以德服人

【原文】 子曰:"焉用佞?御人以口给,屡憎于人。不知其仁,焉用佞?"(《论语·公冶长》)

【大意】 孔子说:"何必要有口才呢?靠口才对付人,常常惹人讨厌。没有仁德,光有口才有什么用呢?"

孔子早就说过"巧言令色,鲜矣仁"的话,又一再主张"敏于事而慎于言",因此,孔子是绝对不主张耍嘴皮子,靠伶牙俐齿来说服人的,他主张的是以德服人。

有人说:"你一辈子不讲话,阎王对你也没办法。"

这说法也许有些绝对,但却符合圣人不喜欢"佞"的精神。

为人处世,假如你在愤怒之下,对别人发作一阵,你的气也许会随之消失,心中也高兴了。但是别人呢?当你高兴时他能分享到一点儿吗?你那挑战的口气、敌意的态度,会使他容易赞同你的意见吗?

美国总统威尔逊说过:"假如你握紧两只拳头来找我,我想我可以告诉你,我会把拳头握得更紧;但假如你找我来,说道:'让我们坐下商谈一番,假如我们之间的意见有不同之处,看看原因何在,主要的症结在什么地方?'我们会觉得彼此的意见相差不是十分远。我们的意见不同之点少,相同之点多。并且只需彼此有耐性、诚意和愿望去接近,我们相处并不是十分难的。"

某工程师嫌房租太高了,想要求降低一点儿,但是他知道房东是一个极固执的人。他说:"我给房东写一封信,说等房子合同期满我就不继续住了,但实际上我并不想搬家。假如房租能降低一点儿我就继续租下去。

但恐怕很难，别的住户也曾经交涉过都没成功。许多人对我说房东是一位很难对付的人。可是我心说：'我正在学习如何待人这一课，所以我将要在他身上试一下，看看有无效果。'"

"结果，房东接到我的信后，便带着他的租赁契约来找我，我在家亲切地招待他。一开始并不说房租太贵，我先说如何喜欢他的房子，请相信我，我确是'真诚的赞美'。我表示佩服他管理这些房产的本领，并且说我真想再续住一年，可我负担不起房租。"

"他像是从来不曾听见过房客这样对他说话，简直不知道该怎样处置。随后他对我讲了他的难处，以前有一位房客给他写过40封信，有些话简直等于侮辱。又有一位房客恐吓他说，假如他不能让楼上住的一个房客在夜间停止打鼾，就要把房租契约撕碎。他对我说：'有一位像你这样的房客，心里是多么舒服。'随之不等我开口，他就替我减去了一点儿房租。我想能多减点儿，我说出所能负担的房租数目来，他二话不说就答应了。"

"临走的时候，他又转身问我房子有没有应该装修的地方。假如我也用别的房客的方法要求他减房租，我敢说肯定也会像别人一样遭到失败。我之所以胜利，全赖这种友好、同情、赞赏的方法。"

有一则关于风和太阳的神话。风和太阳争执谁的力量大，风说道："我能证明我的力量大，看，地下正走着一位身披大衣的老者，我能比你更快地使他把大衣脱掉。"

于是太阳躲进乌云里，风使出他的威力狂吹，但是风吹得越大，那老者越用手拉紧他的大衣。

最后风筋疲力尽了，停止了，太阳从云彩里走出来，开始对着那老者和气地笑。不久那老者便用手拭他前额的汗，并将大衣脱去。于是太阳对风说："仁慈和友善永远比愤怒和暴力更为有力。"

这是个有趣的寓言，但愿也能给你一些深刻的启示。

说话要有技巧

【原文】孔子于乡党，恂恂如也，似不能言者。其在宗庙朝廷，便便言，唯谨尔。朝，与下大夫言，侃侃如也。与上大夫言，訚訚如也。君在，踧踖如也，与与如也。(《论语·乡党》)

【大意】孔子在父老乡亲面前非常恭敬，极像不能讲话的样子。在宗庙和朝廷之上，讲话明白流畅，但也很谨慎。上朝的时候，与下大夫说话，侃侃而谈；与上大夫说话，和颜悦色而正直。在君主面说话则恭恭敬敬，但却庄重自然。

俗话说："到哪个坡唱哪个歌。"在不同的场合、对待不同的人应该用适合那个场合和对方的语言方式和仪态。这不是庸俗，而是待人处世恰如其分的表现。

孔子在父老乡亲面前恭敬而近乎羞涩，很少说话，而在庙堂和朝廷上却语言流畅，侃侃而谈，显出雄辩的样子。与作为政府高级官员的上大夫说话，与作为一般干部的下大夫说话，以及作为国家元首的君主说话，都有不同的语言方式和仪态。

其实，不仅孔子如此，我们今天的每个人也都应该是如此。否则，在儿女们面前说话像跟你的上司说话一样；或者反过来，当你向上司汇报工作时，用教训儿女一样的口气和态度，那会有什么样的后果？当然是不堪设想的了。

到哪个坡唱哪个歌，在什么人面前说什么话，这是最普通的待人处世之道，只是要把它与那种专门阳奉阴违，当面一套，背后一套，张三面前一套，李四面前一套的两面派行为区别开来。

灵活的人，一定要具备见什么人说什么话的能力，不能对不同的人，总唱"同一首歌"。

和别人沟通，首先要看对方是什么人，因为每个人的脾气禀性不同，所以他所能接受的说话方式就可能不一样。

倘若能够明白对方属于何种类型，说起话来就比较容易了。现列举十类人供参考。

1. 死板的人

这类型的人比较木讷，就算你很客气地和他打招呼、寒暄，他也不会有你所预期的反应。他通常不会注意你在说些什么，甚至你会怀疑他听进去没有。

和这种人说话的时候，刚开始多多少少会感觉不安，但这实在也是没办法的事。

举个例子，当你遇到F先生时，直觉马上告诉你："这是一个木讷的人"。此人体格健壮，说话带有家乡口音，至于他是怎样的一个人，你却不太清楚。除了从他的表情中，可以察觉些许紧张之外，其他的，一点也看不出来。

遇到这种情况，你就要花些工夫注意他的一举一动，从他的言行中，寻找出他所真正关心的事来。你可以随便和他闲聊一些中性话题，只要能够使他回答或产生一些反应，那么事情也就好办了，接下去，你要好好利用此类话题，让他充分表达自己的意见。

譬如，当你们聊到有关保龄球时，F先生的话就开始多了起来，这表示他对这种球类很有兴趣。他很起劲地谈到打球的姿势、球场的情况和自己最近的成绩……原来木讷的表情，竟一扫而空，代之以眉飞色舞。

每一个人都有他感兴趣、关心的事，只要你稍一触及，他就会开始滔滔不绝地说，此乃人之常情，因此你必须掌握好话题内容并利用这种心理。

2. 傲慢无礼的人

有些人自视甚高、目中无人，时常表现出一副"唯我独尊"的样子。像这种举止无礼、态度傲慢的人，实在叫人看了生气，是最不受欢迎的典型。但是,当你不得不求他的时候,你应该如何对付他呢?

某企业的一位副科长,说话虽然客气,眼神里却有些傲慢,并且不带一丝笑意,这种人实在是非常不好对付的,让人一见到他,就感觉有一种"威胁"存在。

对付这种类型的人,说话应该简洁有力才行,最好少跟他啰唆,所谓"多说无益"正是如此。因此,你要尽量小心,以免掉进他的圈套里。

不要认为对方客气,你也礼尚往来地待他,其实,他多半是缺乏真心诚意的。你最好在不得罪对方的情况下,言词尽可能"简省"。

当然,每个人都有自己的立场和苦衷,这位副科长可能自觉"怀才不遇"或怨恨自己运气不好,无法早点出头。又由于其在社会上摸爬滚打甚久,城府颇深,所以尽管不受上司眷顾,也会在"保卫自己"的情况下,与人客气寒暄。因此我们只要同情他,而不必理会他的傲慢,尽量简明扼要地说话就对了。

3. 沉默寡言的人

和一个不爱开口说话的人沟通实在是非常吃力的,因为对方如同哑巴一样,半天嘴里挤不出一个字来,你就没办法了解他的想法,更无法得知他对你是否有好感。

有一位新闻记者,他为人沉默寡言,根本就不像个记者。不论你和他说什么,他总是沉默以对,你真是拿他没办法。当有人给他介绍广告客户时,他也只是淡然地说声:"喔!是这样啊。"然后手持对方名片,呆呆地看着。

对于这种人,你最好采取直截了当的方式,让他明白表示"是"或"不是","行"或"不行",尽量避免迂回式的谈话。你不妨把所有的选择都摆在他的面前,直接对他说:"对于A和B两种办法,你认为哪种较好?是不是A方法好些呢?"迫使他做出选择性回答。

4. 深藏不露的人

我们周围有许多深藏不露的人,他们不肯轻易让人了解其心思,或让人知道他们在想些什么。有时甚至说话不着边际,一谈到正题就"顾左右而言他",自我防范心理极强。

与这样的人沟通更是难上加难，往往搞得人们无所适从。

但是，当你遇到这么一位深藏不露的人时，你只有把自己预先准备好的资料拿给他看，让他根据你所提供的资料，做出最后决断。

人们多半不愿将自己的弱点暴露出来，即使在你要求他给出答案或提出判断时，他也故意装傻，或者故意言不及义地闪烁其词，使你有一种"莫测高深"的感觉。其实这只是对方伪装自己的手段罢了。

5. 草率决断的人

这种类型的人，乍看好像反应很快，你求他时，他答应得非常快，甚至还没听明白你到底要干什么的时候，就忽然做出决断，给人"迅雷不及掩耳"的感觉。由于这种人多半是性子太急了，因此有的时候为了表现自己的"果断"，决定就会显得随便而草率。

这类人决断过于草率，其特征是：没有耐心听完别人的谈话，往往"断章取义"，自以为是地妄下决断。如此草率做下的决定，多半会留下后遗症，招致意想不到的事情发生。

和这种人沟通，也要按部就班，倘若你遇到上述这类人，最好把谈话分成若干段，说完一段（一部分）之后，马上征求他的意见，没问题了再继续进行下去，如此才不会发生错误，也可避免因自己话题设计不周而引出的不必要麻烦。

6. 过分糊涂的人

这种人一开头就没弄懂你的意思，你即便和他长时间频繁地接触，结果也是枉然。

小朱经常光顾一个书店，其中的一位女店员，常常在小朱讲明要购买的书名时，还会糊里糊涂地弄错。像这种错误，一般人难免犯个一两次，但像她那样经常犯错，也就有点不可原谅了。因为小朱是这家书店的常客，老是遇到这种事情，心里总觉不太舒服。

经常犯错的人不外两种：一种是自己从来不知反省；另一种则是理解能力差，完全没听懂别人的意思。

7. 顽固不通的人

固执的人是最难应付的。他们的原则性太强，尽管在坚持什么连他们自己也不知道。因为无论你说什么,他都听不进去,只知坚持自己的观点,死硬到底。求这种顽固分子,是最累人且又浪费时间的,结果往往徒劳无功。因此,和这种人说话的时候,千万要记住"适可而止",否则,谈得越多越久,心里越不痛快。

对付这种人,你不妨及时抱定"早散""早脱身"的想法,不必耗时费力,自讨没趣。

8. 行动迟缓的人

对于行动比较缓慢的人,交涉时最需要耐心。

有一位年轻而稍显肥胖的王小姐,也许因为体型的关系,她做起事来,总是比别人慢半拍,感觉上,工作效率总比别人差一点儿,严格地说,倒不是她的办事能力不如其他同事,只不过她做起事来太过"慢吞吞"而已。

实际工作中,可能也经常会碰到这种人,此时你绝对不能着急,因为他的步调总是无法跟上你的进度,换句话说,他是很难达到你的办事标准的。所以,你最好按捺住性子,拿出耐心,言谈上永远别透出恼火的意思。

此外应该注意的是:有些人言行并不一致,他可能处事明快、果断,只是行动不相符合罢了。

9. 自私自利的人

这世上自私自利的人为数不少,无论你走到哪儿,总会遇到几个。这种人心目中只有自己,凡事都将自己的利益摆在前头,要他做些于己无利的事,他是断不会考虑的。

有一位李先生,经常手不离计算器,这说明他始终在计算着自己的利益。正因为他最看重数字,所以他所坚持的,一定是自己的利益。至于其他事情,他不会在意如何做好它,只考虑怎样做才最省事。这种悭吝之徒谁都不会对他产生好感。

但是,当你不得不与他交流的时候,只有暂时按捺住自己的厌恶之情,说话要顺水推舟、投其所好。当他发现自己所强调的利益被肯定了,自然就会满意。

10. 毫无表情的人

人的心态和感情，常常会通过脸部的表情显现出来，所以在交际的时候，这些往往可作为判断情况的工具。

然而，有些人却是毫无表情可言的，也就是说，他的喜怒不形于色，这种人不是深沉就是呆板。当你需要和这种人进行交谈的时候，最好的方法就是特别注意他的眼睛和下巴。

常人说："眼睛是会说话的。"诚然，眼睛是灵魂之窗，"观其眸子"你自然可以知道对方的心思。

你可以从对方的表情中，看出他对你的印象究竟如何。有时候，自己会紧张得连表情都很不自在，此时，你不妨看看对方的反应：是毫不在意、无动于衷，还是已经察觉、面露质疑？留意他的眼神，你一定可以得到答案。知道了他的态度，话自然就好说了。

与这种人沟通，别被他这种表情吓住，一定要放松、从容不迫。但要注意的是，当你明白对方的反应可能是受自己的应对态度所影响，进而影响到结果时，就不得不特别注意、研究一下自己的言行举止了。

能说会道不仅要有嘴上功夫，更要有"见人下菜碟"的能力，不同的人，要用不同的方法应对。这才是一个灵活的人应必备的说话技巧。

不该说的千万别乱说

【原文】子曰:"可与言而不与之言,失人。不可与言而与之言,失言。知者不失人,亦不失言。"(《论语·卫灵公》)

【大意】孔子说:"可以和他说却不和他说,就会失去有用的人;不可以说却和他说了,就是白费了言语。聪明的人既不失去有用的人,也不白费言语。"

"言语者君子之枢机,谈何容易!"(唐太宗语)

是啊,谈何容易。

说话是一门艺术,不少人一辈子也没搞懂。

一方面,三寸不烂之舌,敌过百万雄师。可以发挥语言作用的时候不去发挥,就会失去成功的机会。

另一方面,病从口入,祸从口出。"出言不当,反自伤也。"因此,要看人说话,不轻易开口。一旦开口,则"言必有中"(《论语·先进》),言则必中。既不敷衍,也不失言。

有道是:知音说与知音听,不是知音莫与谈。

说话时,语言的选择一定要恰当,有些不该说的就一定不能乱说。

阿花好不容易才找到了一份在咖啡馆做服务员的工作,却只上了一天班就被老板炒了鱿鱼。其实她的条件并不差,也没有做错什么事,只是不小心问了一句不该问的话。

那天,阿花刚一上班店里就进来了三位客人,她随即拿着饮品单,去让这三位客人点,第一位客人点的是冰红茶,第二位客人点的是冰咖啡,第三位客人点的也是冰咖啡,但是,他特别强调要用干净一点儿的杯子。

很快，阿花将这三位客人所点的饮料，用盘子端了出来，一边朝他们坐着的方向走来，一边还大声地向这三位客人问道："你们谁点的冰咖啡是要用干净一点儿的杯子……"

凭阿花的这一句话，老板就毫不客气地炒她的鱿鱼。

在工作中，要讲究说话的方式，同样，在与人交往的过程中，也要把握好说话的分寸，恰到好处地说好该说的话。

有一年全国高考结束不久，一名记者去采访一位外语专业的优秀考生。原先设想好的问题中有："你父母是否具有辅导你学习英语的能力？"但是到了现场，看到考生的父母也陪伴在场，如果按照原先准备的提问方式来交谈，就显得唐突而不礼貌。于是他将原来的提问改为："你们一家是不是常常在一起讨论英语学习方面的问题？"这样一来，既能有效地获得所要的信息，又显得相当自然。

说话不仅要根据条件的不同而采取不同的表达方式，也要根据前后话语相互联系而恰当地选择语言。

几位年轻的领导干部去慰问一位退休老工人，见面以后问道："您老身子骨真够硬朗，今年高寿？"老工人回答说："79啦。""人生七十古来稀，厂里数您最长寿吧？""哪里，××活到了84呢！""那您老也称得上长寿将军啊。""不过，××去年归天了。""唷，这回可轮到您了。"谈兴正浓的老工人听到这句话，脸色陡变。毛病就出在"这回可轮到您了"这句话上。前面老人刚说完"归天"的事，他们接下去却说"轮到您"，这不就使老人产生误会了吗？如果这几位年轻干部能控制好前后话语，把话说成"这回长寿冠军可轮到您了"，也就不会出现不快了。

做人要塑造良好的自我形象，就一定不能忽视说话的艺术。如果毫无顾忌，不经大脑只图一时痛快地说或问，则只能给他人与自己造成一些不必要的麻烦。

词能达意即可

【原文】 子曰:"辞达而已矣。"(《论语·卫灵公》)

【大意】 孔子说:"言辞不过达意罢了。"

就孔子说这句话的背景而言"辞达而已矣"是针对"巧言令色,鲜矣仁"而言的。但现在来理解,这句话更多的是强调言辞能表达意思即可。

那么如何才能做到词能达意呢?我想有四点,第一不啰唆;第二围绕主题;第三不犯逻辑性错误;第四有条理。

首先我们先看个既啰唆又跑题的例子。一个人的自行车丢了,他的朋友都来安慰他。其中一个朋友说:"你的自行车怎么丢了呢?是不是没锁好啊?什么事情都要小心才对啊!前几天我的一个同事也把自行车丢了,我觉得他就是没锁好。当时我的自行车就停在旁边,我的车子比他的新,比他的好,都没丢。我的车是XX明星做的广告,你知道吧,他演了好多有名的角色,我最喜欢他演的……"这个例子中,别人的自行车丢了,这是件让人很着急、很懊恼的事情。他的朋友一上来说了一大堆,就表达了一个意思——没锁好车。这是啰唆。接着又扯到了明星上,但是这个人最关心的应该是自行车是否还能找回来,或者是怎样解决丢车后的交通工具问题。他朋友后面的话已经完全脱离了主题。这是典型的"跑题"。这个朋友的劝说安慰肯定会让他无语。如果他的朋友这样说可能就好多了:"你的自行车是不是没锁好啊,下次可要更仔细点才行。我们还是先报警吧,也许警察有办法。这段时间如果你有需要的话我家里还有台旧自行车……"所以,说话要言简意赅,围绕主题。

说话有逻辑,是词能达意的一个重要指标。如果要说的话违反了逻辑，就让人丈二和尚——摸不着头脑。

新兵连正在为国庆活动排练，新上任的指导员负责整队。他面对全连士兵高声宣布："以排为单位分开！武术表演人员、文艺演出人员分开！男兵、女兵分开，一律按身高顺序排成两队！"结果全连的战士乱成一团，谁也不知自己应该站在哪里。于是指导员接着说："武术表演人员站这边，文艺演出人员站那边，男兵站这边，女兵站那边，全都按身高顺序排成两队，高个子站前面，矮个子站后面，不要站乱了……"结果下面更加混乱了。

现在我们来分析一下，全连的战士为啥无所适从呢？原因是号令有问题。比如，一个男兵既是武术表演人员又是高个子，他应该站在什么地方？指导员的指令不明确，语义分散多向，含糊不清，指向不明，所以士兵乱作一团。后来这个指导员又做了解释，但新的话语还是不太明确。于是话越说越多，越说越乱。这个例子中，新兵连在为国庆活动排练列队，为了表演的顺利，那么要表达第一层意思就应该是武术表演人员站左边、文艺演出人员站右边；接下来再说每个方阵男兵、女兵分开；然后再说身高顺序排成两队，高个子站前面，矮个子站后面。所以只有表义明确，有逻辑性，才能准确而快捷地将信息输入到对方的大脑里，达到有效沟通的目的。

说话还要讲究条理，颠三倒四肯定是不行的。

一个大学生接了个电话，电话里的人先说她叫小夏，接着问小陈在哪，又问小陈是不是打算结婚，然后说她在浙江做买卖，最后说小陈要是她朋友就去接她。这个大学生听得一头雾水，后来问了好长时间才弄明白，原来这个小夏是室友陈萌的发小，很久没见了。要来她们所在的城市，把电话打到了寝室，想让陈萌去车站接她。这个例子里，打电话的小夏说话没有条理，思路混乱，让人一头雾水。她首先应该表明身份，然后再说明找小陈的目的。这样说话才会有条理、简洁地把话说完。"我叫小夏，是陈萌的发小，我们好久没见，最近我要来你们这里，想见见她，希望她能来车站接我。"如果这样把语言捋顺后再说就明白多了。所以讲话时有条理，思路清晰也十分重要。

说话不仅仅是一种简单的语言活动，更是一门学问。同样是说话，有的人说了很多却让人不知所云，有人说话如拨云见日，清晰明了。所以说话时言简意赅，词能达意，就能成为"言谈高手"，让沟通顺利进行。

不能口无遮拦，胡乱说话

【原文】司马牛问仁。子曰："仁者，其言也讱。"曰："其言也讱，斯谓之仁已乎？"子曰："为之难，言之得无讱乎？"（《论语·颜渊》）

【大意】司马牛问什么是仁。孔子说："仁者说话谨慎。"司马牛说："说话谨慎，这就可以叫作仁了吗？"孔子说："凡事做起来难，说起来能不谨慎吗？"

当颜渊、仲弓问什么是仁时，孔子作了正面回答，尽管是内修与外用有所不同，可是当司马牛问什么是仁时，孔子却说"其言也讱"。他又问："说话谨慎，就可以说是仁了吗？"言下之意是说：老师，您也把它说得太容易了吧，您整日给我们详说细讲的"仁"难道就这么简单吗？孔子却一本正经地告诉他："凡事做起来难，说起来能不谨慎吗？"

据《史记·仲尼弟子列传》记载，司马牛"多言而躁"，夸夸其谈。所以孔子要对症下药，借他问仁的机会对他进行教育了。

虽然孔子曾一再强调"敏于事而慎于言"，要求多做少说，但那作为儒学核心内容的"仁"，毕竟不会是把嘴一闭就可以实现这样简单罢。

因此，也许的确可以说："仁者说话谨慎。"但却不能倒过来说："说话谨慎是仁。"

那么为什么仁者要谨慎说话了？原因就在于他们知道语为心声，至少在别人听来是这样的，如果说话不够谨慎，口无遮拦，那就难免会惹祸上身。

语为心声，可能你会觉得你说的话很多时候并不是自己心里的想法，但在别人看来这往往就是你的真心话。

口无遮拦也许不是出于你本心，但这常常让别人对你产生不良印象。但要让人们的每一句话都经过细心斟酌再说出来也是不可能的，只有通过长期的实践，不断地总结和锻炼，我们才能自然而然地把话说好。

"你会说话吗？"这样问你，你一定觉得可笑，只要是正常人，说话谁不会？实际上，问题并没有那么简单。谁都会说话，但有些人说话总是欠考虑。口不择言，像机关枪扫人，一阵狂扫，只顾自己快活，不顾别人死活。

我们还是先看几个笑话：

一剃头师傅的家里被盗。第二天，剃头师傅到主顾家剃头，愁容满面。主顾问他为何发愁，师傅答道："昨夜被强盗将我一年积蓄劫去，仔细想来，只当替强盗剃了一年的头。"主人怒而逐之，另换一剃头师傅。这师傅问："先前有一师傅服侍您，为何另换小人？"主人就把前面发生的事细说了一遍。这师傅听了，点头道："像这样不会说话的剃头人，真是砸自己的饭碗。"

在寿宴上，客人同说"寿"字酒令。一人说"寿高彭祖"，一人说"寿比南山"，一人说"受福如受罪"。众客道："这话不但不吉利，且'受'字也不是'寿'字，该罚酒三杯，另说好的。"这人喝了酒，又说道："寿夭莫非命。"众人生气地说："生日寿诞，岂可说此不吉利话。"这人自悔道："该死了，该死了。"

有一人请客，四位客人有三位先到。这人等得焦急，自言自语道："咳，该来的还没来。"一客人听了，心中不快："这么说，我就是不该来的来了？"告辞走了。主人着急，说："不该走的又走了。"另一客人也不高兴了："难道我就是那该走又赖着不走的？"一生气，站起身也走了。主人苦笑着对剩下的一位客人说："他们误会了，其实我不是说他们……"最后一位客人说："不说他们就是我了。"主人的话未完，最后一位客人也走了。

由此看来，如果我们说话时不注意，就可能伤人败兴，引起误解。因此，我们要注意说话的场合、对象、气氛，不要口不择言，想说就说。像有些人去菜市场，问卖肉的："师傅，你的肉多少钱一斤？"或饭馆服务员上一盘香肠，说："先生，这是你的肠子。"这类生活中的笑话，我们要注意避免。

明人吕坤认为，说话是人生第一难事。像上面所说的情况，还不是太难的。只要注意语言修养，慢慢就会改掉我们说话的纰漏和不足之处。说话难，最要命的就是说真话、说实话太难。

说话不要太直接，曲径可通幽

【原文】叶公语孔子曰："吾党有直躬者，其父攘羊，而子证之。"孔子曰："吾党之直者异于是。父为子隐，子为父隐，直在其中矣。"（《论语·子路》）

【大意】叶公对孔子说："我的家乡有一个直率坦白的人，他父亲偷了羊，他便告发父亲。"孔子说："我的家乡坦诚的人与你所说的不同：父亲为儿子隐瞒，儿子为父亲隐瞒，坦诚就在这里面了。"

按照孔子的看法，一个人不能一味地讲究坦诚。换句话说，坦诚也有一定的讲究。

说话坦诚固然很好，但也需要视情况而定，很多时候，说话要会绕，正所谓"曲径通幽"，轮船会"绕"才能避开险滩暗礁。做事时语言的把握也应如此，能走"曲径"，会让你在人际关系中如鱼得水，左右逢源，而做事成功的概率也会大大增加。

陈毅同志当外长时曾主持过一次谈国际形势的记者招待会。会上陈毅谈到了美制U–2型高空侦察机骚扰我领空的事情，并对此表示了极大的愤慨。有个外国记者趁机问道："外长先生，听说中国打下了这架侦察机，请问是用什么武器打下的？是导弹吗？"只见陈毅用手作了一个用力往上捅的动作，说："我们是用竹竿子捅下来了。"与会者无不捧腹大笑，那个记者也知趣地不再追问了。

竹竿子能捅下高空侦察机吗？陈毅同志回答得显然有弦外之音，但却妙不可言！试想，除此之外，还有什么更好的回答方式呢？如实相告，就会泄露我国的核心机密，当然不行；但按一般方法说"无可奉告"，会使会议气氛过于板滞、凝重,而"是用竹竿子捅的"这句错话,却听起来煞有介事,既维护了国家机密,又造成了幽默轻松的谈话气氛,真是一举两得、一箭双雕,怎能不叫人拍手叫绝!

由此可见,在特定环境与形势下,正话反说,绕个弯子表达自己的意思,往往会收到意想不到的好效果。

生活中,当有人求你帮忙时,如果实在做不到,能直接拒绝最好,若碍于情面不好直言相拒,那就不妨婉言推掉,这样既可以不破坏双方的关系,还能让你免受无谓的烦恼。

有一次,林肯在某个报纸编辑大会上发言,指出自己不是一个编辑,所以他出席这次会议,是很不相称的。为了说明他最好不出席这次会议的理由,他给大家讲了一个小故事:

"有一次,我在森林中遇到了一个骑马的妇女,我停下来让路,可是她也停了下来,目不转睛地盯着我的面孔看。"

"她说:'我现在才相信你是我见到过的最丑的人!'"

"我说:'你大概讲对了,但是我又有什么办法呢?'"

"她说:'当然你已生就这副丑相是没有办法改变的,但你还是可以待在家里不要出来嘛!'"

大家为林肯幽默的自嘲而哑然失笑。林肯在这里巧妙地运用了自嘲来表达自己的拒绝意图。既没让人难堪,还令人在愉快的氛围中领悟到林肯的意图。

此外,有时一些话如果不好直接说出来,还可巧妙地寻找借口来为自己解围或是保全他人的面子。

舞会上别人邀你,你内心实在不想跟他跳,可以说:"我累了,想休息一下。"这样既达到谢绝目的,又不伤别人的自尊心。

与人约定参加活动,但你却忘了去参加,想起来时不免有些忐忑。这时,你如果直接说忘了,将会影响别人对你的信任,也是对他人的不尊重。一般情况下,失约的可能原因有身体不适、家中有事、客人来访等,你可挑选较合情理的一种善意的谎言,作为事后的解释。

为了避免直言,运用各种暗示,以含蓄的方法向对方发出某种含有自己真实想法、态度的信息，以此来影响对方的心理，使对方明白自己的心意，这也不失为一个妙招。

一次，某乡党委为了加强机关干部管理，在工作考勤等方面作了一系列规定。决定由曾在乡属企业担任过多年负责人，不久前刚调到机关任传达工作的一位老同志负责考勤登记。这位老同志认为这项工作易得罪人，不愿意干，说自己过去就是因为做事太认真，得罪了不少人，正在吸取"教训"。

听了他的话，乡党委书记委婉地讲了一个故事：某电影导演，为拍部片子四处寻找合适的演员。一天，这位导演发现了一个合适的人选，便通知他准备试镜头。这个人十分高兴，理了发换上新衣，对着镜子左照右看，总感到自己的两颗"犬牙"般的牙齿不好看，于是到医院把牙齿拔掉了。后来，当他兴致勃勃地去报到时，导演一见到他就很失望地说："对不起，你身上最珍贵的东西，被你自己当缺陷给毁掉了，我们的影片已不再需要你了。"

故事讲完后，这位老同志懂得了"坚持原则，做事认真"正是自己最好的品质，于是他愉快地接受了任务。

第八章 开开心心地生活
——孔子的思想与现代人的生活态度

现代人的生活,整日忙忙碌碌,很多人都是在为别人而忙,很多人过的不是自己想要的生活。说到这一点有人或许会问:谁不想过自己想要的生活,但办得到吗?

办不到吗?看看人家孔夫子:"子之燕居,申申如也,夭夭如也。"孔子活得多么自在,虽然他也很忙。所以说,忙不是问题,关键是不能因为忙而忘了开心地生活。

开心常伴,自在生活

【原文】子之燕居,申申如也,夭夭如也。(《论语·述而》)

【大意】孔子在家闲居的时候,仪态舒展自如,神色和乐喜悦。

一肩挑尽古今愁,忧国忧民忧天下的孔子在家闲居时却仪态舒展自如、神色和乐喜悦,过着无忧无虑的个人生活,完全不是我们所想象的那严肃庄重的样子。这是因为他虽然忧国忧民忧天下,但却不忧个人生活,在个人生活上抱着以平淡为乐的旷达态度,所以始终能保持开阔的胸襟、舒展自如的心情。说到底,就是他很会调整自己的心态和精神。而不像我们今天的人,急急如律令,东奔西跑,疲于奔命,生怕失去了任何一个可以利用的机会,却又逢人便感叹:"唉,活得真累。"难道这累不是你自找的吗?更何况,你累的不外乎是财、名、地位,累一己之得失、个人的利益,其结果是连"燕居"的时间都没有了,更不用说什么"申申如也,夭夭如也"。与其如此,倒不如向圣人学习,看开个人名利之累,退而闲居,保持舒展和乐的心态,平平淡淡、轻轻松松过一生。

美国人曾经做过一个调查,得到的结果颇令人泄气,竟然有高达98%的人工作不快乐,而他们之所以继续待在原来的位置,并非完全是受制于经济因素,而是不知道自己还"想"做些什么。即使他们"想"为自己活,却找不到"着力点"。

美国心理专家歇尔女士经过观察后认为,尽管很多人生活的节奏很快,但却愈来愈失落,因为这些人未找到正确的生活轨道,所以常常会感到焦躁不安。歇尔比喻:"这就好像是在高速公路上往错误的方向加速前进,但又不见回转道。"

歇尔同时发现，很多人都犯了相同的错误：误以为"能力"等于"快乐"。但是，一人"能"做的事，并不一定就是他"想"做的事。譬如说：一个"能"赚两百万年薪的人，他"想"做的也许只是陪心爱的小女儿玩游戏。

为了别人而活，使得多数人陷入进退维谷的境地，他们过着不快乐的生活，做着不合志趣的事，心中隐隐有一种想"冲破现状"的欲望，即使是他们当中不乏外表看起来功成名就的人。

你是不是也有相同的感受？纵使职位愈升愈高，薪水节节上涨，你也不快乐。因为，这并不是你真正想过的日子，尽管人人羡慕你，但其实这些表象只不过是生活无趣的"安慰品"罢了，你心里想的很可能只是散散步、种种花、饲养宠物、看几本好书、和好友把酒言欢这些再简单不过的事情而已。

下例中的黄小姐就是最好的实例。

朋友们都说黄小姐是一个活得很精彩的人。

目前，黄小姐自己经营一家小型的行销顾问公司，同时也担任业余的舞蹈教练。此外，她热爱骑马、登山、游泳等运动，即使工作再忙，每年她总会抽出八到十天的空当专程飞到纽约，想办法用最廉价的方式去观看歌剧，或者上几堂舞蹈课。

对于自己的生活方式，黄小姐乐在其中。几年前，当她还在一家电脑公司工作的时候，看到很多的工作伙伴依循着一种传统固定的模式，对于生活没有太多的想法，仿佛很认命地只想继续工作，努力赚钱。当时她就意识到：不希望自己变成一个只知道工作、硬邦邦的电脑人。

后来，她离开了那家公司，自行创业，却听到周围很多反对的声音："女孩子创什么业？你为什么不干脆去找一个男人嫁掉？"结果，黄小姐并没有去嫁人，她告诉那些人："我很想试试看！"因为，她想走自己的路。

其实，刚开始她连创业的资金都没有，仅有的财产是一张办公桌以及一台向朋友借钱分期付款买来的电脑，但是，她从来不担心会饿肚子，心里只有一个简单的念头："去做就对了！"

有一天，临时需要一笔钱周转，她把身上最后的八千元都垫上去了。

结果,就在当天下午,她接到第一张客户寄给她的支票。她说:"接到那笔酬劳时,我真的很兴奋,那种感觉跟以前拿到公司付给你的薪水很不一样!"

黄小姐说,她一直追求"既单纯又丰富"的生活,从没想过要把事业做得多成功,规模要发展到多大,她只是忠于自己的感觉,很专注地做自己想做的事。

有一阵子,她发现自己不太开心,于是就回头去想,小时候做过什么让自己快乐的事?她猛然想起了念中学的时候曾经熬夜完成的一幅图画,让她产生了莫大的喜悦。她得出一个结论:"我想,这就是专注,唯有发自内心做事的时候,才能持续激发对人生的热情。"

要找到自己真正想过的生活,其实不难,最直接的方法就是从你的心中寻找线索。你可以问自己几个问题:在过去的经验里,有哪些嗜好曾经令你振奋?如果说,维持基本的物质需求无虞,你会把剩余的时间、精力用在哪里?你是不是花了太多的力气去追逐身外之物,或者为了满足别人,而把自己内心的真爱丢弃不顾?

想为自己活,就要去做自己喜欢的事。穷毕生之力做自己不喜欢的事,谈何"为自己活"?

管好自己的生命时间

【原文】 子在川上，曰："逝者如斯夫！不舍昼夜。"（《论语·子罕》）

【大意】 孔子在河边感叹说："一去不复返的时光就像这河水一样啊！日夜不停。"

时光如流水，一去不复返；往者不可追，来者犹可谏。

孔子一方面感叹时光易逝，往事难再，另一方面以水为喻，勉励我们进德修业，都应该像奔流不息的河水一样，孜孜不已，不舍昼夜。

无独有偶的是，与孔子同时代的古希腊哲学家赫拉克利特也曾感叹道：

"人的脚不能两次踏进同一条河流！"

他的体会与孔子是相通的。

他们所发出的感叹，在历史的轨道中产生了共鸣回响，至今仍不绝于耳。而这种感叹所包含的意义，还可以从各个方面延伸，引发我们思考宇宙的奥秘、生命的价值、人生的意义，等等。那可真是纵贯古今的一大感叹啊！

法国思想家伏尔泰，曾经出了一个有趣的谜语：

"世界上哪样东西是最长的又是最短的，最快的又是最慢的，最能分割的又是最广大的，最不受重视的又是最受惋惜的；没有它，什么事情都做不成；它使一切渺小的东西归于尘土，使一切伟大的东西生命不绝。"

这是什么呢？这就是时间。高尔基的回答同样充满辩证法：

"世界上最快而又最慢，最长而又最短，最平凡而又最珍贵，最容易被忽视而又最令人后悔的就是时间。"

时间有长短、快慢、平凡与珍贵的区分吗?

有,也没有。

说有,是因为,对个人生命来说,时间是有区别的。

说没有,是因为,时间是不变的,无始无终,是没有区别的。

我们每个人都生活在自己的时间里,区别就在于使用时间的方法不同。因而,价值和意义就不同。所以,每个人都想在自己有限的时间里,实现无限的人生梦想。

怎样才能使自己的时间不白白度过?

这就需要对自己的生命时间做出合理的安排。

青少年要安排好自己的学习时间。

中年人要安排好自己的工作时间。

老年人要安排好自己的休闲时间。

人的时间是有限度的,要创造成功的人生,就要对自己的生命时间,从青少年到老年有一个整体的安排和规划,有步骤地实现人生的构想。

一般来讲,人只有青少年时期学本领,中年创业,到老年才能坐享其成。

汉代有一首题目为《长歌行》的乐府诗,这样写道:

百川东到海,

何时复西归?

少壮不努力,

老大徒伤悲。

可见古代人对时间就有清醒的认识。其实,人的一生,就应该对自己的生命时间做出安排。在少不更事的时候,这种安排要由父母来完成,一旦长大成人,就要对自己负责,就要安排自己的时间,以保证实现自己的目标。

安排好自己的时间,就要按照时间的安排去实践,去实现人生的价值。

时间就是在实践过程中一点一点失去的,在你的生活中,时间就像布袋子里的水,是存不住的,不知不觉就漏光了。

管好自己的时间，就是不要让时间漏掉。

不管是你的学习时间，还是创业时间、休闲时间，每一天都要有一个合理的安排。如：

（1）制作一个 24 小时作息时间表。

（2）按作息表生活。

（3）每天晚上，对照检查。

（4）当天没有完成的事情，及时制定补救措施。

（5）逐渐养成习惯。

要知道，时间对人生来讲是最稀缺的资源。

富贵如浮云,美名传千世

【原文】子曰:"齐景公有马千驷,死之日,民无德而称焉。伯夷、叔齐饿于首阳之下,民到于今称之。"(《论语·季氏》)

【大意】孔子说:"齐景公拥有4000匹马,但他死的时候,老百姓并不认为他有什么德行可以称赞。伯夷、叔齐饿死在首阳山下,老百姓却直到现在还对他们称赞不已。"

孔子说的意思是德行比财富更重要。

韩起是春秋时期晋国的正卿,叔向是晋国的大夫。有一天,韩起对叔向抱怨说:"我太穷了,穷得恐怕连和别的卿大夫应酬往来的费用都没有。"他本以为会博得叔向的同情,想不到叔向却对他拱手相贺。

韩起不解其意,说:"我如此窘迫,你不但不予同情,反而恭贺我,这是为什么?"

叔向没有直接回答韩起的问题,而是讲了两个晋国历史人物栾书和郤至的故事。

栾书曾是晋国的正卿,按规定应享受500顷田的俸禄,可他连100顷田都没有,穷得置不起宗庙中的祭器。但他并不因此耿耿于怀,反而更加注意自己的品德修养。后来他以德行广布全国,赢得了全国百姓的普遍尊敬和爱戴。

郤至则相反,他也曾是晋国的正卿,家中的财富达到了国家总财富的一半,但是他骄奢淫逸,贪得无厌,永远觉得自己的财富不够多,权势不够大,甚至依仗自己的财富地位胡作非为,鱼肉百姓。结果,不但自己落得死无葬身之地,他的宗族也被满门抄斩。

叔向讲完故事，接着对韩起说："如今，您像栾书那样贫穷，我想您也一定能行栾书之德，所以我恭贺您。如果您对自己的品德修养不关心，而总为自己的财富不多而忧虑，那么，我叹惋都还犹恐不及，哪还有什么心思恭贺您呀！"

韩起恍然大悟，深受启发，明白了德行比财富更重要，自己不该为贫穷忧虑，而应该像栾书那样在贫穷的时候树立美好的德行，这才是长久之计。他给叔向跪下叩头，感激地说："我只考虑自己的财富多少，这是亡身灭族之道。您的一席话救了我，不单我自己感谢您，就是我的祖先和后代子孙也要感谢您啊！"

宋朝时期也有个弃财富如敝屣的故事。开封府有一位叫李觉安的人，他生了一个孩子叫景文。因为儿子年幼多病，所以李老先生怕因其他事花掉给孩子买药的钱，就把一百两白银存放在他的朋友张惠明那里。李觉安逝世以后，张惠明就把那一百两白银还给李觉安的儿子李景文。李景文不肯接受，因为他父亲的遗嘱没有提到这笔银子。可是张惠明认为，这一百两白银明明是李家的人寄放的，一定要还给李家才对。后来此事被摆到了公堂上。开封府府尹觉得奇异，来打官司的一般都说财物是自己的，还没有把财物往外拿的。于是就招来当事人，他让李景文收下银子，可是李景文坚决不肯接受，而张惠明却坚持要还银子。府尹看见他们两个人都这么重品德而不贪财宝，最终将这一百两银子交给开封府的寺庙。

一个人，无论他多富有，在他生命走到尽头时，这些财产都会像浮云一样飘走，被人们忘记，只有美好的德行是会流芳百世的。

君子爱财,取之有道

【原文】子曰:"富与贵,是人之所欲也,不以其道得之,不处也;贫与贱,是人之所恶也,不以其道得之,不去也。君子去仁,恶乎成名?君子无终食之间违仁,造次必于是,颠沛必于是。"(《论语·里仁》)

【大意】孔子说:"有钱有地位,这是人人都想要的,但如果不是用仁道的方式得来,君子是不接受的;贫穷低贱,这是人人都厌恶的,但如果不是用仁道的方式摆脱,君子是不摆脱贫贱的。君子一旦离开了仁道,还怎么成就好名声呢?所以,君子任何时候——哪怕是在吃完一顿饭的短暂时间里也不离开仁道,仓促匆忙的时候是这样,颠沛流离的时候也是这样。"

我们今天说:"君子爱财,取之有道。"什么"道",合法之道。说到底,也就是仁义之道——仁道。

仁道是安身立命的基础,生活的原则。

所以,无论是富贵还是贫贱,无论是仓促之间还是颠沛流离之时,都绝不能违背这个基础和原则。用孟子的话来说,还是那句名言:"富贵不能淫,贫贱不能移。"

当然,这里的前提是要有生活的原则。对于那些"跟着感觉走",甚至"过把瘾就死"的人来说,这一切都是没有意义的。面对激烈的竞争,弱肉强食,尔虞我诈,只要能达到目的,不择手段,还有什么仁道的原则可遵循呢?如果说有,那也是"盗亦有道"的原则——目的就是一切。

商品竞争的激烈,使每一个做着发财梦的商人不得不绞尽脑汁,才不至于沦落到破产的境地。于是,一些心术不正的人便不惜瞒天过海,坑蒙顾客。在美国费城西区有两个挨得很近的廉价品商店，两个店的老板是死敌，一直进行着无休无止的价格战。"出售爱尔兰亚麻床单，甚至连有鹰一样眼睛的瑞伯女士都不能找出任何瑕疵，不信请问她；而价格却低得可笑，只需6美元50美分。"当一个橱窗出现了这样的手写告示时，两小时后，另一家橱窗就会出现这样的告示："瑞伯女士该配一副近视眼镜了，我的床单质量一流，只需5美元95美分。"而且，两家店的老板常站在店外，尖声对骂，几乎每次都发展到拳脚相加。最后，总有一方的老板败下阵来，咒骂另一个是疯子，买他东西的顾客也是疯子。这时附近的每一个人都会拥入获胜的廉价品商店，将床单和枕套抢购一空。直到后来，两个廉价品商店各换了一位新老板，他们对各自前任老板的财产进行了详细的检查。有一天，他们发现两店之间有条秘密通道，并且在两店的楼上两个老板住过的套房中发现了一扇连接两套房子的门。后来才知道：这两个死对头原来是兄弟俩。所有的诅咒、谩骂、威胁以及一切相互间的人身攻击全是在演戏。一个微妙的邻里关系制造了所有的骗局，他们所卖的商品全是二流货。

兄弟俩为了赚钱，不惜天天施展苦肉计，手足相残，其手段确实"高明"，但终究只是小本经营的雕虫小技。只有经营者设身处地站在消费者的立场上，以诚待客，以心换心，在人们心目中树立诚实的企业形象，以此换来顾客对产品的信任和青睐，才是企业生财的长远之计。

在我国市场经济逐步建立且又尚未成熟之时，一些人利用经济生活尚未完全有序的空隙，获得了与其劳动付出不成比例的财富。于是社会上掀起新的读书无用论。但是，我们必须看到，我国的市场经济正在不断地发育、成熟，变得更有序，社会的劳动报酬也将不断地趋于公正和合理，"一夜暴富"的梦想将越来越难以成为现实，这必能使真正的能人通过合法手段富裕起来，实现"君子爱财，取之有道"。

生活优越时更须宁俭勿奢

【原文】 林放问礼之本。子曰:"大哉问!礼,与其奢也,宁俭;丧,与其易也,宁戚。"(《论语·八佾》)

【大意】 林放问礼的本质。孔子说:"这个问题很重要啊!就一般礼仪而言,与其奢侈,宁可节俭;就丧礼而言,与其铺张浪费,宁可悲哀过度。"

孔子虽然十分重视礼仪,但却反对形式主义的排场,而强调内心和感情上符合礼仪要求。

而今天有些人恰恰是反其道而行之。礼仪不从简而尚奢,觉得越奢侈越有排场就越体面风光。有些丧礼更是铺张而无真正的悲哀。所谓"红白喜事",那"白喜事"本是为避讳而言,现在对有些人来说倒成了名实相符的喜事了,比如说家里老人寿终正寝,一喜少了一份担忧,一个拖累;二喜可以收礼钱,借此发一笔不大不小的财;三喜有遗产。这样的丧礼,有几个人内心里是真正的悲哀呢?

假若圣人活到今天,眼见我们今天的排场,真不知道要感慨到什么程度。

子曰:"奢则不孙,俭则固,与其不孙也,宁固。"(《论语·述而》)讲奢侈排场的人常希望胜过别人,因而常有大款斗富的故事。而过分节俭,便事事不愿与人互通有无,容易陷入固陋。两者均不可取,但比较起来,宁可简陋。

瑞士是世界首富之国,但瑞士人的节俭却是出了名的,有时显得近乎"抠门"。欧洲有一句谚语,大意是说瑞士人有两个钱袋,装钱少的钱袋是准备请客的。即使是为自己购物，他们那种认真、耐心、掏钱时的谨慎，也使人感到不可思议。比如选购一张价格低廉的普通中国画，常常是戴上眼镜看，又摘了眼镜看，放远了看，又拿近了看，仔细端详，反复比较，就是这样的工夫花过，有时也还是终于搁下不买了，这似乎也为瑞士民族平和、闲雅的气度作了一个注释。

　　真正靠劳动致富的人是很少挥金如土，奢侈淫逸的。李嘉诚是世人皆知的华人首富，而他至今仍住在30年前的老房子里；他担任公司总裁，可对自己的年薪的发放有严格限制。我国台湾塑胶大王王永庆，不仅自己克勤克俭，而且严格限制子女的零花钱，每项花费都要有详细的记录，花一块钱也得有所交代。因为他们"一粥一饭，常思来之不易；半丝半缕，恒念创业维艰"。1994年7月，亚历山大·卢卡申科出任白俄罗斯首届总统，直到就职前一天，他还住在农村，他的夫人也一直生活在那个偏远的村子里，他们的家是一座极普通的两层砖楼，还是集体农庄时期分的。勤劳的总统夫人说："我从不追求什么荣华富贵和显赫地位。"

　　"奢则不孙"，一旦陷入奢侈糜烂的泥坑，就会互相攀比，就像穿上有魔力的红舞鞋，身不由己，欲罢不能。不如节俭一点儿，好比吃精美点心，每次津津有味地吃一点儿，你对点心便总怀有美好印象。如若吃得太饱，甚至吃伤了，点心的魅力便会在很长一段时间甚至是永远消失了。

第八章　开开心心地生活——孔子的思想与现代人的生活态度

珍惜生命，热爱生活

【原文】子曰："吾十有五而志于学，三十而立，四十而不惑，五十而知天命，六十而耳顺，七十而从心所欲，不逾矩。"（《论语·为政》）

【大意】孔子说："我15岁立志学习；30岁立身于世；但很多事情是至40岁时才明白；50岁时，我知道万事都有天命；60岁时，什么话都能够深明其义；到了70岁，就是随心所欲，也不会超越法度和规矩了。"

孔子用简单的几句话勾勒了自己的一生。从中也大体显示了一个成功的人在人生的各个阶段所要达到的目标：少年时代发奋学习；30岁左右成家立业；40岁前后应该有坚定的信念；50岁上下就要明白世上的当然之故和必然趋势；60岁时要对各种意见都能正确地理解和对待；70岁时对社会的法则运用自如，精神进入自由王国。

儒家把实践仁、义、礼、智的价值观念视为顺"天命"，即看成自己必须承担而绝不能推卸的做人的责任。能知天命，就找到了"安身立命"之处，就不会产生失落感、忧愁感，不会因为一时一事的得失成败而烦恼，不会因为社会的动乱、生活的甘苦、个人的荣辱、生命的安危而扰乱自己的人生追求，孔子的一生都在为这个目标奋斗。睿智超常的孔子尚且"五十而知天命"，世间凡夫俗子大概只有徘徊于知与不知之间了。

与其说"人到七十古来稀"，不如说"人到七十万事休"。表面上看，圣人似乎说人到70岁已达到一种自由的境界，但实际上，这种"自由"，这种"从心所欲，不逾矩"是以欲望的消退为代价而换来的。也就是说，人到了70岁，还有什么呢？即使随心所欲，无论如何也不会有什么非分之想，更不要说有什么超越法度和越轨的行为了。

当然，夫子自道，也许说的是圣人的境界，或至少是古代君子的境界。对于现代人来说，物欲横流，奢望无穷，到70岁的古稀之年仍穷奢极欲、贪婪不止的大有人在。如若不信，只看那些经济罪犯和腐败罪犯即可一目了然。

回到夫子自道的话题上来——

圣人回顾生命历程，饱含人生的体会和慨叹，言有尽而意无穷，令读者读之，莫不感慨万千。

当然，"少年读书如隙中窥月，中年读书如庭中望月，老年读书如台上玩月，皆以阅历之浅深为所得之浅深也。"（张潮《幽梦影》）

不同读者根据自身的人生历程和体验来品味圣人的微言大义，必然是酸甜苦辣皆不同，各有一番滋味在心头。

你是什么滋味呢？

生活的艺术就在于知道何时应该紧紧抓住生活，何时却又该放弃，因为生活是复杂的。生活既让我们依赖它的许多赐予，又限定了我们依赖的程度。犹太先知说过："人紧握着拳头来到世上，却松开手离去。"

的确，我们应该抓住生活，因为生活是奇妙的，到处都充满了美好的事物。而在很多情况下，只有在回顾过去并突然意识到它再也不会出现时，我们才认识到这一真理。

有些人毫不珍惜这样美好的生活，而是太注重琐事，有时甚至拘泥于小节，以至于对美好的生活没有反应。的确，生活的赐予是珍贵的，但我们太不注意它们了。我们应该不为创造生活的奇迹或慑于生活的威胁而奔忙，应虔诚地对待即将到来的每一天，拥抱每一个小时，抓住珍贵的每一分钟。但又不能抓得太紧。所以生活哲学的另一方面是：我们必须承认我们要有所失，并且应该学会怎么放弃。

要掌握这门学问是不容易的，尤其当我们还年轻，并天真地认为这个世界是受制于我们的，但只要我们有充满活力的热情和期望，就一定能够实现。

在生命的各个阶段，我们都有过挫折，并从中得到了锻炼。只是在我们离开家并失去了它的保护时,我们才开始了独立生活。我们被关进学校接受教育,而后我们离开爸爸、妈妈和童年时代的家。我们结婚,生育子女,最后也得让他们去开创自己的事业。我们要面临着父母和配偶的死亡。我们也面临着我们自身力量缓慢地或较快地衰弱。最后,我们必须面对自然死亡,失去我们自己就像我们没有出现过一样,同时也失去我们过去得到的和梦想的一切。

但是,为什么我们要听从于生活矛盾的安排?为什么美好的风行一时的事物不能长久持续?为什么当我们所珍爱的一切最终将离我们而去时,却让我们付出了爱的代价?

为了解开这些疑团,必须通过通向未来的窗口观察我们的生活。一旦这样做了,我们将认识到,虽然生命是有限的,但我们所创造的一切却是永恒的。

生命绝不仅仅是一种存在。它是一个不断变化、发展的进程。我们的父母通过我们延续其生命,我们将通过我们的孩子延续生命。由我们所形成的制度也将通过他们来延续。我们塑造的美好形象不会因为死亡而黯然失色。虽然我们的肉体会腐烂,我们的双手也将干枯,但它们创造的真、善、美将永远流传。

不要把你的生命浪费在积累那些终究要化为灰烬的东西上面。不要像追求物质那样追求思想,因为是思想赋予了生活以意义,它具有永恒的价值,它同物质是完全不同的。

放弃那些不适合自己充当的社会角色,放弃束缚你的世故人情,放弃伪装你的功名利禄,放弃徒有虚荣的奉承夸奖,放弃各种蒙住你的眼睛的遮羞布,你才能够腾出手来,用足够的精力和智慧来赢取真正应该有的东西。充分地努力做好自己应该做的事,自由自在地发掘自己的潜力,主体明确地直奔自己应该追求的目标,坚定不移地走自己的路,充分实现自己的人生价值。

如果我们不及时地将损害我们的杂草和肿瘤放弃,不及时地将它们从我们的生活中扫除,从心灵里清理出去,它们就会妨碍我们本应快乐拥有的一切,绊住我们努力前进的脚步,蒙住我们判断是非的眼睛。会腐蚀我们的生存，占据我们宝贵的人生空间，榨干我们生命土地里的水分和营养，打破我们的发展次序，给人生添乱添烦。

生命对我们每一个人来说只有一次，我们不能让太多的无关的人事功名，来消耗我们的光阴和智能；也不可能去成就许多种事业，做到名利双收、事事如意；更不能和那些消耗我们的人事，打持久战，让它们给我们不断地带来麻烦和损失。我们要用取舍与选择来保护自己，来成就自己，来磨炼自己。

第八章 开开心心地生活——孔子的思想与现代人的生活态度

弃权力如敝屣

【原文】 子曰："泰伯，其可谓至德也已矣。三以天下让，民无得而称焉。"（《论语·泰伯》）

【大意】 孔子说："泰伯，那可以说是具备至高无上的品德了，多次让出天下，老百姓简直找不出恰当的语言来赞美他。"

封建社会，普天之下，莫非王土，率土之滨，莫非王臣。拥有王位，就拥有诸多特权。在这种情况下，能弃权力如敝屣的，历史上很少。那么我们就用这仅有的少数几个人，来启发大家，莫要把权力看得太重。权力与责任是相互依存的，而且权力是要受到监督和制约的。

尧年纪大了，想找一个继承他职位的人。有一次，他召集四方部落首领来商议，大家一致推荐舜。

尧说："哦！我也听到这个人挺好。但是还要考察一下。"尧把自己两个女儿娥皇、女英嫁给舜，还替舜筑了粮仓，分给他很多牛羊。他的后母和弟弟见了，又是羡慕，又是妒忌，和他的父亲一起用计，几次三番想暗害舜。但舜还是和和气气对待他的父母和弟弟。

尧十分满意。他就让舜担任各种公职，舜将各种事务都处理得井井有条。通过多方面考察，尧终于下了决心将权力托付给了舜，自己就在家休养了。

舜接替尧的权力以后，立即按照天象校订了四时月份，改正了日子的误差；统一了音律、丈尺；整顿了礼仪，废除了割鼻、砍足等酷刑，固定了刑法；惩罚并放逐了混沌、穷奇、杌、饕餮四大恶徒，起用了禹、皋陶、彭祖等有办事能力的公正廉明的人才。

八年后，尧去世了。舜带领百姓服丧三年。三年过后，舜为了将帝位让给尧的儿子丹朱，自己躲避到了南方。但是，各部落的首领们仍旧去南方朝见舜而不愿去朝见丹朱；老百姓有打官司的，也不去找丹朱而仍旧去找舜；甚至大家集会歌颂政德，也不歌颂丹朱而歌颂舜。舜看看自己躲避不过，明白这是老百姓的意愿，因此，就只好说："这大概是天意吧！"于是就回到国都，成了部落联盟首领。这就是帝舜。

周朝时的周公，在周武王去世后，因成王年幼，代为处理政务，主持国家大权。他摄政六年，成王长大后，他不贪恋权势，还政于成王。

蜀汉章武三年（公元223年）春，刘备在永安（白帝城）病重，立刻下诏，把诸葛亮从成都召到榻前，说："君才十倍曹丕，必能安国，终定大事。若嗣子可辅，辅之；如其不才，君可自取。"意思是你的才华比曹丕强10倍，必定能安邦定国。如果我的儿子可以辅佐，那么就辅佐他，如果他不成才，那么你自己做主吧。诸葛亮痛哭流涕地说："臣敢竭股肱之力，效忠贞之节，继之以死！"意思是我一定尽到辅佐大臣的职责，效法古人忠贞的节操，直至献出我的生命。而诸葛亮也用其余生践行了他对刘备的承诺，鞠躬尽瘁，死而后已。

能知足,方能常乐

【原文】 子谓卫公子荆:"善居室。始有,曰:'苟合矣。'少有,曰:'苟完矣。'富有,曰:'苟美矣。'"(《论语·子路》)

【大意】 孔子评论卫国的公子荆说:"他善于居家过日子。刚刚有一点儿财产,便说:'差不多够了。'稍稍增加一点儿,便说:'差不多完备了。'富有以后,便说:'差不多美满了。'"

公子荆显然是一个很容易满足的人,用我们今天一般的看法,会认为他很平庸,没有什么高标准的追求。公子荆刚有一点儿财产,就在那里说什么"差不多够了"。稍稍增加一点儿,就声称"差不多完备了",这不是很没追求吗?

老子就说过:"祸莫大于不知足,咎莫大于欲得。故知足之足常,足矣。"

知足常足,也就是我们通常说的知足常乐。一个人知道满足,心里面就时常是快乐的、达观的,有利于身心健康。相反,贪得无厌,不知满足,就会时时感到焦虑不安。用叔本华的观点来说,就会使人生在欲望与失望之间痛苦不堪。面对现实,我们看到不少铤而走险而落得身败名裂的人正是因为欲壑难填、贪得无厌而走上犯罪道路的。看到这些人的犯罪事实,很多人都会由衷感叹说:"要是他早一点收手,大概也不会走到这一步吧!"不知大家注意到没有,这些感叹所流露的,正是"知足"的思想啊!问题是,一旦受贪欲支配,又哪里会知足,哪里会收得住手呢?

所以,"知足"不是没有追求;"知足常乐"更不是平庸的表现。相反,倒是很难修炼成的德行,尤其是处在物欲诱惑滚滚而来,挡也挡不住的环境中时。

知足不同于自满，虽然从表面上看来，它们都是对自身情况感到满意的反应，但事实上，由于出发点和外在表现的不同，它们往往给人以不同的感受。而从根本上说，知足也罢，自满也罢，与外在客观条件并不一定有相互的关联，一个人觉得生活到这个程度，于愿已足，并不代表他的生活真的一定就无懈可击，样样可打满分，主要是他能衡量自身的能力，正视客观的条件，不妄想不贪求，也不去与他人比高下，能够以宽容坦荡的心去对待生活，使自己的人生不受外界的影响和干扰，顺命随缘地和平度过。

那些骄傲的人，真的都是那么自信，对自身的一切都心满意足，自认高人一等吗？如果你肯仔细分析，也许会吃惊地发现，事情恰恰相反。

依据心理学上的说法，那种处处要表现自己的不凡，就怕谁人不知他的出类拔萃和光荣历史，无法克制地要以骄傲的面孔示人的人，常常是心理上欠缺安全感、满足感，或自怜狂在作祟的人。因为缺少安全感、满足感，便相对地失去了自信，因此便急于要在别人的赞美或惊叹声中找回信心，证明确实如自己所希望和所幻想的那样不同凡响。骄傲、自满、目中无人，是由于反常心理在后面推动，不但给人极坏的印象，也是一种十分可悲的病态心理。

知足常乐的人很容易被人们认为是胸无大志。因为这些人往往在竞争异常激烈的今时今日，却不去争，乐观地生活着，这样就导致别人以为他们没志向、没能力。这显然是一种错误的观点，知足并不代表不进取，无大志。它只是我们生活的一种态度而异，是一种看透世事无常后的大彻大悟罢了。

不与人比，坚持自己的成功原则，不用处心积虑地算计别人，懂得知足，那么你就会拥有真正而长久的快乐。

第八章 开开心心地生活——孔子的思想与现代人的生活态度

有一种选择叫放弃

【原文】哀公问社于宰我。宰我对曰:"夏后氏以松,殷人以柏,周人以栗,曰使民战栗。"子闻之曰:"成事不说,遂事不谏,既往不咎。"(《论语·八佾》)

【大意】鲁哀公问宰我用什么木头做土地神的牌位好。宰我回答说:"夏代用松木做,殷商用柏木做,周代用栗木做,用栗木做的意思是使老百姓望而生畏,战战兢兢。"孔子听到后说:"已经做了的事就不必再说它了,已经做完的事就不必再劝阻了,已经过去的事就不必再追究了。"

孔子不满意宰我关于"使民战栗"的解释,因为它不符合德政爱民的思想。但周代又确实用栗木做的土神牌位,所以孔子也不好正面批评宰我,而只是从思想方法上来说,既然已经过去了的事,就不要去追究它了。

不管这件事本身的是非曲直,孔子这里所表现的,倒的确是一种既往不咎的宽大胸怀。

历史上很多帝王也有这种既往不咎的品德。

李渊在太原起兵,于大业十三年(公元617年)十一月,攻克长安。占领长安后,李渊因隋朝官员鱼肉百姓,杀了一些人,李靖也要被问斩。但是他临危不惧,大声责备李渊说:"公起义兵,本为天下除暴乱,不欲就大事,而以私怨斩壮士乎!"李世民对李靖闻名已久,站出来为李靖说情,李渊就释放了李靖。随后李靖投入李世民门下,开始了为李世民东征西讨的生活。

李靖归顺了唐朝后,一时没立什么战功。李世民与薛举、刘武周的两场大战李靖没有出现。武德三年（公元620年）唐向王世充发起进攻，李靖有所参与，但也没有什么特别的功劳。

在王世充的势力基本已被李世民压制后，李渊开始有能力染指长江以南。这时江南最大的敌对势力是萧铣的梁国，其都城在江陵。李渊将李靖从李世民手中抽调出来，命令他去进攻江陵。这可以说是个强人所难的命令，等于要李靖去灭了梁国，谈何容易。李靖手下兵员不多，进攻到峡州就被萧铣的部队挡住，无法继续推进。李渊怪罪李靖办事不力，下旨给峡州都督许绍，要他查办李靖办事不力之罪。许绍是个有主见的人，又欣赏李靖的才干，因此写信给李渊尽力为李靖分辩。于是李渊收回成命。

当时开州一带的少数民族首领冉肇则起兵反唐，率众进攻夔州。唐朝赵郡王李孝恭出兵平叛，反而吃了败仗。李靖当时正驻扎在附近，受命协同李孝恭行动，李靖只带了八百人突袭冉肇则的营帐，冉肇则胜后麻痹轻敌，结果吃了大亏。李靖随后又猜到冉肇则退兵的道路，预先设下埋伏，当冉肇则领着败兵经过时突然出击击毙了冉肇则。冉肇则的残部不知李靖兵力其实只有一点点，见首领被杀，就全部缴械投降，共有五千人之多。李靖以区区八百人破敌，几乎称得上是奇迹，将星终于升起了。

李渊本来正在忧虑少数民族的叛乱，忽然传来消息说叛乱已经被李靖平定，十分高兴。随后，李渊通令嘉奖了李靖，在嘉奖令中勉励李靖努力进取，"勿忧富贵"。由于李靖是降臣，从前忤逆过李渊，怕李靖心中仍有包袱，李渊还专门写了亲笔信给李靖，说"既往不咎，旧事吾久忘之矣"。

同样，李渊的儿子李世民也是这样。魏征曾经是太子建成的幕僚，曾多次建议太子杀了李世民。但李世民即位后仍重用这位直臣，而对他以往的事情既往不咎，君臣配合，成为历史佳话。

第八章 开开心心地生活——孔子的思想与现代人的生活态度

193

人无远虑，必有近忧

【原文】 子曰："人无远虑，必有近忧。"（《论语·卫灵公》）

【大意】 孔子说："一个人没有长远的考虑，一定会有近在眼前的忧患。"

未雨绸缪，防患于未然的思想在中国可以说是源远流长，妇孺皆知，其道理似乎已不言而喻。

但是，不难发现，并非人人都能把这个道理贯彻到实际生活中去。

比如说，银行家劝人们储蓄时说："钱莫花尽啊，细水长流，储蓄起来既生息又应急，好得很哩！"可A先生B女士却回答："好什么啊，今朝有钱今朝花，超前消费更时髦，只有傻瓜才存钱贬值让你们去发大财哩！"

保险公司的推销员多半也会遇到同样的回答。

不过，这里似乎也有一条代沟。一般说来，上了年纪的人容易成为银行或保险公司的俘虏，而年轻新潮的一代大都是A先生B女士的活法。

其实，A先生B女士们也懂得"人无远虑，必有近忧"的道理，只不过是所谓"潇洒走一回"或"车到山前自有路"的人生态度占了上风罢了。

那是不是人越上了年纪越能够接受儒家的思想呢？

人在生活中首先要谋求生存，不会生活就不会有发展，也就不会实现自己的人生目标。所以，不管你的长远理想多么宏伟，如果你不会谋求眼前利益，那么一切都是空谈。

相反，如果一个人只想着眼前利益而没有长远目标，那么他也不会有多大的前途。他就像一只忙忙碌碌的蜜蜂，一年到头，东奔西走，不知道生活的快乐，也不知道成功的喜悦，这样的人最苦命。

如果你已经大学毕业，那么你可能即将做你生命中最重要的两项决定——这两项决定将深深地改变你的一生；这两项决定对你的幸福、你的收入、你的健康，可能有深远的影响；这两项决定可能造就你，也可能毁了你。

这两项决定就是你的眼前利益，获得了眼前利益，才能为你的长远利益奠定基础。很多人由于没有这两个眼前利益，导致了终生败局。

这两个重大决定是什么？

第一：你将如何谋生？

第二：你将选择谁来做你的孩子的父亲或母亲？

这两项决定，通常都像赌博。哈里·艾默生·弗斯迪克在他的《透视的力量》一书中说："每位男孩在选择如何度过一个假期时，都是赌徒。他必须以他的日子做赌注。"

但是这两项眼前利益却不能赌，因为谁也赌不起。所以找一个谋生的饭碗与找一个理想的伴侣，就是一个人走向社会时面临的最大问题，解决好这个问题你才能进一步实现你的梦想。

首先如何找到你谋生的饭碗呢？现在找工作是最难的事情了，要找到自己喜欢干的工作那就更难了。不光中国人多岗位少，世界范围内也如此。

美国家庭产品公司的一位副总经理艾德纳·卡尔夫人说："我认为，世界上最大的悲剧就是，有那么多的年轻人从来没有发现他们想真正做些什么。我想，一个人若只从他的工作中获得薪水，而其他一无所得，那真是最可怜了。"很多大学毕业生找工作是很盲目的，他们不知道自己想干什么，能干什么，只要有工资就行。所以，难怪有那么多人刚开始的时候野心勃勃，不可一世，充满玫瑰般的美梦，但是到了40岁以后，却一事无成，痛苦沮丧，甚至神经崩溃。

所以，为了长远的目标，你在选择眼前利益的时候，一定要三思而后行。

菲尔·强森的父亲开了一家洗衣店，他把儿子叫到店中工作，希望他将来能接管这家洗衣店。但菲尔痛恨洗衣店的工作，所以懒懒散散的，提不起精神,只做些不得不做的工作,其他工作则一概不管。有时候,他干脆"缺席"了。他父亲十分伤心,认为养了一个没有野心而不求上进的儿子,觉得在他的员工面前丢尽了脸。

有一天,菲尔告诉父亲,他希望做个机械工人——到一家机械厂工作。什么?一切从头开始?这位老人十分惊讶。不过,菲尔还是坚持自己的决定。他穿上油腻的粗布工作服,去从事比洗衣店更为辛苦的工作,工作的时间更长。但他竟然快乐地在工作中吹起口哨。他选修工程学课程,研究引擎,装置机械。而当他在1944年去世时,已是波音飞机公司的总裁,并且制造出"空中飞行堡垒"的B52型轰炸机,为盟国军队赢得世界大战做出贡献。如果他当年留在洗衣店不走,他和洗衣店——尤其是在他父亲死后——究竟会变成什么样子呢?我想,整个洗衣店肯定就毁了——破产,一无所得。

菲尔·强森如果满足于父亲给他的现成的家业,就从这个眼前利益出发,去干洗衣店的工作,那么就不会实现他自己的长远目标,他会成为千千万万的小小洗衣店的老板,就算经营得还可以也只能养活自己。菲尔·强森没有受眼前利益的驱使,他志不在此,而是志存高远,所以,选择了适合自己发展的事业,于是他成功了。

一个人最理想的就是眼前利益和长远利益结合起来,但是这样的事情很少。很多人都要经过一段痛苦的磨炼之后,才能把眼前利益与长远利益协调一致。

关键就是要把握住自己,不要为眼前利益而放弃长远目标。

是鱼,就要找到能养活自己的水,不要待在浅水坑里。

眼前利益必须服从长远利益,必须为长远的目标服务。

什么是人的长远目标呢?

长远目标就是你最终想成为什么样的人。具体来讲,包含三个方面:

你的事业到达什么高度?

你的家庭发展到什么程度?

你的荣誉到达什么高度?

人的一生就是为了这三个目标而奋斗。

现在你就要想好，你怎么才能把眼前利益和这三个长远目标结合起来？

你必须结合社会发展的实际情况与你自己的实际水平和主观愿望做出决定。

你的一生就从这个决定开始。

眼前利益的出发点就是你首先要能够生存，要首先保证你的衣食住行不受影响。这就是说，你先要找到一份工作，使你能够生存下来，然后才有可能实现你的长远目标。

眼前的工作可能不适合你的发展，你就要把它当作一个过渡期，一旦发现利于你自己发展前途的机会出现，就要毫不犹豫地放弃眼前的工作，去追求你的事业。这里绝不能有丝毫的迟疑和犹豫，还要克服惰性，有些人就是这样，在一个工作岗位上干起来了，就不愿意放弃，即使觉得不适合自己，也要委屈自己，认命了。这样，你就是自己放弃了自己的长远目标，等于宣告了自己精彩人生的结束。

所以，眼前利益永远只能作为一个跳板，你是要借此跳上龙门的，而不是就此虚度一生；生存是第一需要，发展和实现自己的梦想才是人生的终极需要。

百善孝为先

【原文】 子曰："生，事之以礼；死，葬之以礼，祭之以礼。"（《论语·为政》）

【大意】 孔子说："父母活着的时候，要依照礼侍奉他们；父母去世，要依照礼安葬、祭拜他们。"

慎终追远是孝道的体现，按照孔子的说法，也就是实行仁道的根本——孝悌也者，其为仁之本与！所以过去给皇帝的奏议常有"圣朝以孝治天下"一类的话。普通人家的祖宗牌位上面也总是有"慎终追远"这四个字，表示这是一个讲孝道的家庭。

直到今天，一般中国家庭也没有废弃"慎终追远"。虽然祖宗牌位已没有了，但父母去世的丧事还是要慎重地办一办的。清明时节，很多家庭也还是没有忘了祭祖。

在《论语》中，孔子多次论述了"孝"这一主题，如："父母之年，不可不知也，一则以喜，一则以惧。""有事，弟子服其劳；有酒食，先生馔。"这些论述的一个共同思想就是，不仅要从形式上按周礼侍奉父母，而且要从内心孝敬父母。如果只有生活上的关心，而无人格上的尊重，那就意味着将人降低为物（犬马）。孔子要求通过"孝"把对人的关系与对物的关系区别开来。

唐宋以后认为"求忠臣必于孝子之门"，一个人真能爱父母、爱家庭，也一定是爱国的忠臣。

百善孝为先，现代社会，生活节奏很快。很多人为了拼搏离开家，留在家里的只是老迈的父母。虽然子女会给父母钱，让他们生活无忧，但并没有看到父母脸上的笑容。因为他们需要的不是金钱，那只是个数字，也不是电话中的寥寥数语，他们需要的是温暖，是关爱。这种温暖和关爱，只要常回家看看就能实现。

有这样一个人，像讲故事一样讲了一件往事。虽然话语平淡，却动人心弦。

他尽管工作很忙，也要回一趟老家，因为母亲生病住院了。从医生的话语中，他听出来母亲病得很重。

母亲窝在白色的病床上，显得那么瘦小。陪在病床旁，他的电话一个接一个，手机铃声响个不停。母亲说："你忙，就去忙吧，我这里没事的。"他说："没事，我陪着您吧。"其实他想走，可从母亲的眼神里看到了留恋。

母亲需要做各种检查，因为虚弱走路很吃力，所以他的任务是把母亲从轮椅上抱到检查仪器上，等检查完再抱下来。那是他第一次抱母亲，他用了很大的力气，可母亲并没有想象中那样重，所以因为重心不稳差点摔倒。旁边的护士责怪他不小心。在他印象里，母亲就是个大力士，无所不能。父亲去世早，母亲含辛茹苦把他拉扯大。地里该男人干的活，都落在母亲一个人的身上，挑起一百多斤的担子，也是健步如飞。他读高中的时候帮母亲去提井水，扁担把肩膀压得生疼。母亲接过担子，说："还是我来吧，我比你有力气。"所以他才认为需要很大力气才能抱起母亲。后来母亲说，她最重的时候也不过90斤。

看见瘦弱的母亲在冰冷的仪器上做检查，他的眼泪止不住地留下来。母亲看到了，还安慰他说："不疼的。"检查完，他把母亲抱起来，并没有放在轮椅上，而是直接抱回病房。在母亲生病的一个多月的时间里，他抱着母亲从病房到检查室，再回到病房，这条路走了很多次。医院的其他病友都说母亲好福气，有个孝顺的儿子。母亲的脸上也洋溢着幸福的笑。一个月后，母亲能出院了，医生说母亲这么短的时间里恢复得这样好，简直是个奇迹。

母亲出院以后，他又忙了，但不管多忙，他周末都要回老家看母亲，吃母亲做的手擀面，和母亲聊聊天。每次回去给母亲带的也不再是一张张钞票，有时是一件外套，有时是几个包子，有时什么都不带，空着手就回去了，但母亲脸上笑容却越来越多了。母亲需要的是陪伴，是常回家看看。

第八章 开开心心地生活——孔子的思想与现代人的生活态度

形成良好的家风

【原文】陈亢问于伯鱼曰："子亦有异闻乎？"对曰："未也。尝独立，鲤趋而过庭。曰：'学《诗》乎？'对曰：'未也。''不学《诗》，无以言。'鲤退而学《诗》。他日，又独立，鲤趋而过庭。曰：'学礼乎？'对曰：'未也。''不学礼，无以立。'鲤退而学礼。闻斯二者。"

陈亢退而喜曰："问一得三，闻《诗》，闻礼，又闻君子之远其子也。"（《论语·季氏》）

【大意】陈亢问孔鲤说："您从您父亲那里受到过与众不同的教育吧？"孔鲤回答："没有。父亲曾经一个人站在庭中，我恭敬地走过，他问我：'学《诗》了吗？'我说：'没有。'他便说：'不学《诗》，就不会说话。'我退下后便学起《诗》来。又有一天，他还是一个人站在庭中，我恭敬地走过。他又叫住我问：'学礼了吗？'我说：'没有。'他便说：'不学礼，就无法立身。'我退下后便学起礼来。要说有什么特别的教育，就这两次吧。"

陈亢退下来后很高兴地说："我问一件事得知了三件：知道该学《诗》，知道该学礼，还得知君子不偏爱自己的儿子。"

过去很多文化人家的厅堂里都挂着"诗礼传家"的匾额，这来源大概也就是起源于孔子对自己儿子的教育。

现代社会，我们当然不能要求每一个家庭都像古代人那样以诗礼传家，但是孔子的教导我们也不能等闲视之。一个家庭如果没有了礼，现在来说就是如果没有了良好的家风，那么家庭关系是很难和谐的。

现实的不少家庭中，婆媳关系、姑嫂关系、夫妻关系之间出现"冷冷热热"的现象，时有发生。做婆婆的常叹息，媳妇毕竟不是自己养的；媳妇呢，也常常恨得"理直气壮"，婆婆毕竟不是亲娘。基于这种认识，家庭矛盾又怎能不愈演愈烈呢？

家庭不讲礼仪，没有规矩，孩子就像野马一样，横冲直撞。现在有些学生，在日常生活中，见面不知道打招呼，不知道称呼人，给老师起绰号、骂人、打人，一身的霸气、匪气，这都与家风不正有很大的关系。

所谓家风，是一种由父母（或祖辈）所提倡并能身体力行和言传身教、用以约束和规范家庭成员的一种风尚。家风是一个家庭长期培育和形成的一种文化和道德氛围，有一种强大的感染力量，是家庭伦理和家庭美德的集中体现。"家风"一经形成，就能不断地继承发展并有着日积月累、潜移默化、前后继承、陶冶家庭成员性情的作用。正如社会风气是社会道德水平的一个重要体现一样，家风是一个家庭成员的道德水平的体现。家风作为一种精神力量，它既能在思想道德上约束其成员，又能促使家庭成员在一种文明、和谐、健康、向上的氛围中不断发展。

家风同社会风气有着相互渗透、相互制约的关系。家风一方面要受社会风气的影响，同时，它又能反过来对社会风气的形成、变化发挥强有力的作用。良好的社会风气有助于良好家风的形成。在社会风气不好的情况下，如果能重视家风的建设，那么，良好的家风也能够对社会上的污浊空气起到很好的净化作用，有利于整个社会风气的改善。

从我国优良的传统道德和古代家训和家风中，特别是从许许多多的革命家风中，结合现代社会生活和家庭美德的要求，我们可以认识到，一个文明、和谐、健康、向上的家风，一般说要包括以下几个方面的内容：

（1）尊老爱幼的风尚；

（2）孝敬父母的风尚；

（3）勤俭持家的风尚；

（4）诚实守信的风尚；

（5）勤奋好学的风尚。

你的家庭要形成良好的家风，就要从现在做起，从自己做起。

请你立刻这样做：

（1）从你建立的家庭开始；
（2）召开一个全体家庭成员会议，讨论这个问题；
（3）制订一个全体同意的家规；
（4）你带头执行；
（5）让你的子女继承这个家规。

一个良好的家风需要几代人的努力，一旦形成，就会家庭幸福，世代受益不尽。

建立一个温馨和谐的家庭

【原文】 有子曰:"礼之用,和为贵。先王之道,斯为美,小大由之。有所不行,知和而和,不以礼节之,亦不可行也。"(《论语·学而》)

【大意】 孔子说:"礼的施行,以和谐为贵。以前圣王的治理之道,好就好在这里,不管小事大事都遵循这一原则。尚有行不通的地方,只知一味地为求和谐而求和谐,不用礼加以节制,那也是不行的。"

礼本来指的是区别尊卑贵贱的等级制度及与之相应的礼节仪式。但礼的根本目的又在于起中和作用,也就是要达到和谐的境界。这样就形成了礼与和之间既相矛盾又相统一的辩证关系。按照儒家的礼治观点,就是要人们在遵守礼法的前提下和睦相处。

将这个道理用于家庭关系的处理中就是既要讲团结,讲和睦,家和万事兴,又不能无视家庭矛盾的存在,一味地为和谐而和谐,要敢于正视家庭问题的存在,并妥善地将其处理掉。只有这样才能真正建立一个温馨和谐的家庭。

有人将家庭比作避风的港湾,有人将家庭比作温暖的火炉,也有人将家庭比作温馨的摇篮。这些都说明了一个道理:人人都关注家庭,人人都渴望拥有一个和谐幸福的家庭。

古也罢,今也罢,大凡一个人生活的乐苦、心情的好坏,乃至事业的成败,都与家庭是否理想紧密相关。家庭,对于每个人来说,都是得之不易的。

托尔斯泰说:"幸福家庭皆相仿,不幸家庭各不同。"

幸福家庭的共同特点是:

(1) 夫妻恩爱;

（2）子女成才；

（3）敬老爱幼；

（4）丰衣足食；

（5）成员之间坦诚和谐；

（6）业余生活高雅；

（7）声望良好；

（8）睦邻友好。

假如你忙于工作，无暇顾己，每次总是妻子拿着洗净熨平的衣服催你脱旧换新；假如你在外面受了闲言中伤，回家后，丈夫倾心地劝慰你"别理它"；假如你去学校参加家长会，一进校门就看见光荣榜上你的孩子名列前茅……

这时候你就会充分享受到幸福家庭的快乐，你会感受到成功人生的快乐。

你愿意为这样一个幸福家庭做一些事情吗？

（1）经常举办家庭聚会。

（2）和家人经常谈论彼此的希望、志向、生活的恐惧和烦恼，成功的喜悦和庆幸。

（3）随时公开家务状况，让每个成员帮你分忧解难。

（4）设计一个全家合作参加的计划，让每个人都能分享成功和快乐。

（5）组织一些家庭娱乐活动，如卡拉OK大赛、游戏比赛，等等。

（6）经常陪家里人散散步、打打球，一起锻炼身体。

创建一个幸福的家庭，你就创造了自己的成功人生。因为，不管你在其他方面成就有多大，如果你不能使家庭生活幸福，那么，你的成功就会黯然失色。

家庭是生命之根，一定要保护好它！

第九章 以德服人，以礼待人
——孔子做官的学问与现代企业管理

孔子一生仕途不是很如意，那么这是不是表示孔子不懂当官的学问呢？显然不是。孔子之所以仕途不畅主要是由于他的政治观点得不到认同，并不是因为他不懂得为官之道。相反，孔子深谙其道，孔子在《论语》中对如何做官的学问也阐释颇多，这些做官的学问在现代人看来应该更有启迪意义。

能打江山,更要能坐江山

【原文】 子曰:"知及之,仁不能守之,虽得之,必失之。知及之,仁能守之,不庄以涖之,则民不敬。知及之,仁能守之,庄以涖之,动之不以礼,未善也。"(《论语·卫灵公》)

【大意】 孔子说:"靠智慧得到了官职,不能靠仁德保持它,虽然得到了,也一定会失去。靠智慧得到了官职,靠仁德保持了它,不能用庄严的态度去治理百姓,那老百姓也不会服从。靠智慧得到了官职,靠仁德保持了它,又能用庄严的态度去治理百姓,但不能用礼法去约束、指挥百姓,那还是没有达到尽善的地步。"

所谓"创业易,守业难"。靠智慧而取得是容易的,但要保持就很难了。

其实,不只是古人从政如此,我们的事业,也都有这个道理。比如说在我们今天市场经济体制的时代,不少人抓住了时机,又凭借着自己的知识和智慧优势,一"下海"就适逢其会,春风得意地发了一笔财,赚了一把。但由于不能"仁以守之",贪心不足,该刹车的时候不知道刹车,结果一夜之间又成为一无所有的穷光蛋。其实这里有一个"得"与"守"的关系在内。

从这个角度来理解,孔子的话就不仅仅局限于行政的范围,而与我们每个人的生活与事业密切相关了,具有普遍的指导意义。

曾几何时,提起"傻子瓜子"来,是无人不知,无人不晓。但现在,再向人打听"傻子瓜子"就没有多少人知道了。究竟是什么原因使这个名噪一时的品牌悄无声息了呢?这要从公司自己说起。

1982年，自称9岁就开始学经济学的年广久，突然宣布他的"傻子瓜子"大幅降价，幅度为26%，这对几十年不变的瓜子价格体系造成了极大的冲击。这一举动在改革刚刚起步的日子里，引起了人们的极大兴趣，大家一下子把焦点集中对准了"傻子瓜子"，同行们很快都被"傻子瓜子"压下了势头。"傻子瓜子"一炮走红，风靡一时，成为中国老幼皆知的"营养食品"，甚至被捧为"中国的汉堡包"。

到了1984年，生产"傻子瓜子"的炒货店与国营联营，组建公私合营的"傻子瓜子公司"。至此，"傻子瓜子"春风得意准备大展宏图，形势一片大好。如果"傻子瓜子"公司从此能够从抓质量、抓管理入手，进一步寻求发展，那么他们的前途是光明的。可是他们开始却找"捷径"了，这一"捷径"最终将企业导向错误的航向，直到最后的没落。

1985年，"傻子公司"搞了一次全国范围内的有奖销售活动，每买一公斤瓜子赠奖券一张，凭奖券兑现奖品。这在当时不能不算是产品促销的高招。一时间，公司门前车水马龙，盛况空前。全国各地来函来电，来人来车，纷纷购买"傻子瓜子"以获取奖品。如此一来"傻子瓜子"在有奖销售的第一天就售出了13100公斤，最好时一天卖出了225500公斤，这简直是前所未有的销售纪录。

可是这一销售成果是以"傻子瓜子"犯傻为代价的。这些用于有奖销售的瓜子中间，有相当数量是"傻子瓜子"为凑足销售额，从别的公司大量购买的熟瓜子，再贴上"傻子瓜子"的商标去有奖销售，而这些外购的瓜子中，有很多是陈货劣货，是假冒伪劣产品。

消费者是骗不了的。"傻子瓜子"这一看似聪明、实则犯傻的投机行为，很快引起消费者的强烈愤慨，大家纷纷要求退货。

更糟糕的是，正当"傻子瓜子"有奖销售活动刚刚"满月"的时候，政府发布公告，禁止所有工商企业搞有奖销售的促销活动。这一来，一下就将"玩巧"已经露馅的"傻子瓜子"置于死地。它所售出的奖券一律不能兑现，各地纷纷退货，瓜子大量积压，银行催还贷，再加上公司又打了几场官司，一下亏损150多万元，而且公司的信誉降到了最低点。

后来，查证"傻子瓜子"这种偷梁换柱的投机手法并不是在这次有奖销售时第一次使用。公私联营前,当公司还在搞独家小本生意时,年广久就以批发价买回国营的"迎春瓜子"近5万公斤,贴上"傻子瓜子"的商标,运到上海加价销售,当时这一欺骗行径没有被人识破。这次面对有奖销售引发的"傻子瓜子"销量猛增,年广久又故伎重施,而且为降低成本,购回的瓜子质量低下,马上被众人识破;加上政府下令,及时阻止了年广久的欺骗行为,年广久就不得不吞下自己种下的苦果。

为应付有奖销售带来的畸形需求,"傻子瓜子"一共购进瓜子145万多公斤,有奖销售期一共卖出去114.5万公斤,余下大约有30万公斤,造成大量积压。这些积压的瓜子像一个沉重的包袱,拖不走,砸不烂,甩不掉,给公司造成重大损失。事情到这一步已经充分说明,欺骗消费者、搞投机的违法生意是不会有好下场的。可"傻子瓜子"似乎傻到了不能觉醒的地步。

在"傻子瓜子"名声殆尽之时,他们不是想着如何去挽回名誉、东山再起,而是继续干着欺骗消费者的勾当。在这批积压的瓜子中,大部分是陈腐变质的瓜子,是绝对不能再拿到市场上流通的。可是年广久竟然打着"为了让国家减少一些损失"的招牌,对这些劣质陈货采取加工后再销售的办法处理,更有甚者,干脆原封不动地把这些变质瓜子拿出去卖。据统计,在以后的两年中,公司共销出劣质瓜子10万公斤,将这些瓜子以低价卖出,绝大多数卖到了农村,去骗那些消息闭塞的农民。年广久的生意中充满了投机和欺骗。年广久无论怎样投机,怎样骗人,终究是会被人识破的。而他被人识破之时,也就是他的公司走到尽头之时。到头来,只会坑人害己——消费者自是上当受骗了,而年广久自己也逃不了法律的惩罚。

创业容易守业难,一时的得到并不代表长久的拥有。只有靠仁德去保守它,诚信经营,合法经营,才能有长远发展。

敢于纳谏，兼听则明

【原文】 陈司败问："昭公知礼乎？"孔子曰："知礼。"孔子退，揖巫马期而进之，曰："吾闻君子不党，君子亦党乎？君取于吴，为同姓，谓之吴孟子。君而知礼，孰不知礼？"巫马期以告。子曰："丘也幸，苟有过，人必知之。"（《论语·述而》）

【大意】 陈司败问："鲁昭公懂得礼吗？"孔子说："懂得。"孔子走了以后，陈司败向巫马期作一个揖，请他走到自己的面前来，然后说道："我听说君子不偏袒人，难道君子也偏袒人吗？鲁昭公从吴国娶了一位夫人，因为是同姓，所以讳称她为吴孟子；鲁昭公这样做如果都算是懂得礼的话，还有谁不懂得礼呢？"巫马期把这番话告诉了孔子。孔子说："我孔丘算是有幸，一旦有了过错，人家一定会知道。"

鲁昭公违背了同姓不通婚的规矩，所以被陈国的司寇认为不懂礼。

对于我们一般人来说，听到别人说自己的缺点错误，就会不高兴，哪里还会有什么"有幸"的感觉呢？

不过，仔细想想孔子所说的话，想想他为什么会听到别人说自己的过错便感到"有幸"，的确也有一定的道理。

因为，自己有了错误别人能指出来，总比自己有了错误没有人愿意或没有人敢给你指出来好啊，尤其是做领导的，如果没有人愿意或没有人敢给你指出缺点、错误，那你多半都已成了孤家寡人了。孤家寡人像皇帝一样高高在上，脱离群众，在这个民主时代，这个领导的位置你能够坐得下去吗？

所以，一个人，尤其是一个有地位的人，当听到别人指出你的什么过错时，一定不要恼羞成怒、暴跳如雷，而要学习学习圣人的涵养，闻过则喜，把它当作一件"幸事"接受。俗话说"有则改之，无则加勉"。我们要使自己成为一个受人尊敬的人，而不是一个可怕的、没有人愿意或没有人敢给你提意见的人。

谚云："忠言逆耳利于行，良药苦口利于病。"又云："兼听则明，偏信则暗。"善于听取别人的意见，尤其是批评的意见，善于采纳众人的建议，而不轻听轻信个别人的话，有利于全面了解情况，改进工作。这是前人总结的经验，也是经人们实践检验过的真理。

但是，也有人只喜欢别人歌颂，不愿意纳忠言。古代就有"防民之口"的君王，担心别人发"杂音"。即便能听几句谏议之言，也只是某些"开明君主"的装潢门面。能够对别人的中肯意见加以分析研究，用以改正缺点或解决存在问题的，却凤毛麟角。多数君王是"以规为茧"，把规劝的话作为塞耳的老茧，这还应算是好的，更多的封建君王则是以屠刀对付批评他们的人。所谓"文死谏，武死战"，这其中就包含了无数的"冤假错案"！于是，人们只好缄口不言。

这样的情景，正如清代诗人龚自珍所云："万马齐喑究可哀！"

宋代文学家范仲淹也曾说过：一切只会说"是"，而一点儿也不说"不"的人，是昏人。历史上就把那些只愿听"是"和"好"而一点儿也不愿听"不"和"坏"的皇帝叫"昏君"。

现实生活中亦有人标榜自己"一贯正确"。这种人也就不大爱听"逆耳之言"了。其实，一位伟人说得好："让人讲话，天不会塌下来！"一个社会，缺乏议论的言论，就如同萎靡不振的病人，缺少医生的诊治。广泛听取人民群众的意见，实现"中国梦"，今日的中国民众享有最大的言论自由的权利。

我们的人民代表大会制度和政协会议，更是听取群众呼声的最好形式，也是根据群众意愿办事的权力机构。代表或委员们的提案，在这里都会受到高度重视。政府会依据人民的意见和建议改进工作，努力办实事，并把事情办得更好。

在日常生活中，我们当领导的、做家长的，也应该"广开言路"，多听听群众或子女的意见，善纳"逆耳之言"，改进领导作风，改善对子女的教育方法。家庭生活中的"大男子主义"和父母独尊的"唯我是从"作风，都不利于和睦友善与亲人之间的协调相处。弄得不好的话，还会带来"后院起火"的麻烦！

第九章 以德服人，以礼待人——孔子做官的学问与现代企业管理

危机之时要沉得住气

【原文】子曰:"巧言乱德。小不忍,则乱大谋。"(《论语·卫灵公》)

【大意】孔子说:"花言巧语惑乱道德。小事情上不能忍耐,就会毁坏大的计谋。"

所谓"心字头上一把刀,遇事能忍祸自消",所谓"忍得一时之气,免却百日之忧"。

忍什么?

"忍小忿而就大谋。"(《留侯论》)

这是忍匹夫之勇,以免莽撞闯祸而败坏大事。

忍小利而成大业。

这是"毋见小利。见小利,则大事不成。"(《论语·子路》)

勾践忍不得会稽之耻,怎能卧薪尝胆,兴越灭吴?韩信受不得胯下之辱,哪能做得了淮阴侯?

张良年少时因谋刺秦始皇未遂,被迫流落到下邳。一日,他到沂水桥上散步,遇一穿着短袍的老翁,近前故意把鞋摔到桥下,然后傲慢地差使张良说:"小子,下去给我捡鞋!"张良愕然,不禁拔拳想要打他。但碍于长者之故,不忍下手,只好违心地下去取鞋。老人又命其给穿上。饱经沧桑、心怀大志的张良,对此带有侮辱性的举动,强忍不满,膝跪于前,小心翼翼地帮老人穿好鞋。老人非但不谢,反而仰面长笑而去。张良呆视良久,老人又折返回来,赞叹说:"孺子可教也!"遂约其5天后凌晨在此再次相会。张良迷惑不解,但反应仍然相当迅捷,跪地应诺。

5天后,鸡鸣之时,张良便急匆匆赶到桥上。不料老人已先到,并斥责他："为什么迟到，再过 5 天早点来。"第三次，张良半夜就去桥上等候。他的真诚和隐忍博得了老人的赞赏，这才送给他一本书，说："读此书则可为王者师，10 年后天下大乱，你用此书兴邦立国；13 年后再来见我。我是济北榖城山下的黄石公。"说罢扬长而去。

张良惊喜异常，天亮看书，乃《太公兵法》。从此，张良日夜诵读，刻苦钻研兵法，俯仰天下大事，终于成为一个深明韬略、文武兼备、足智多谋的"智囊"。

现实生活是残酷的，很多人都会碰到不尽如人意的事情。残酷的现实需要你对人俯首听命，这样的时候，你必须面对现实。你不妨拿出一块心地，单搁不平之事，闭起双眼，权当不觉。

还是那句话：忍！

大丈夫要能屈能伸，人在矮檐下，一定要低头。

坚韧的忍耐精神是一个人个性意志坚定的表现，更是一个为人处世谋略的运用，尤其在官场上难得事事如意，学会忍耐，婉转退却，可以获得无穷的益处。在人际交往中，如果我们能舍弃某些蝇头微利，也将有助于塑造良好的自我形象，获得他人的好感，为自己赢得友谊和影响力。凡事有所失必有所得，若欲取之，必先予之。有识之士不妨谨记之，善用之，必能给自己带来意想不到的收获。

以德服人，天下归顺

【原文】 子曰："道之以政，齐之以刑，民免而无耻。道之以德，齐之以礼，有耻且格。"（《论语·为政》）

【大意】 孔子说："用政令来引导，用刑法来整治，老百姓知道避免犯罪，但并没有自觉的廉耻之心。用道德来引导，用礼教来整治，老百姓就会有自觉的廉耻之心，并且能自觉归正。"

孔子与卫文子有一段对话，对这里的论述作了发挥。

孔子说："用礼教来统治老百姓，就好比用缰绳来驾驭马，驾马者只需要握住缰绳，马就知道按驾马者的意思行走奔跑。用刑法来统治老百姓，就好比不用缰绳而用鞭子来驱赶马，那是很容易失去控制，甚至把驾马者摔下来。"

卫文子问道："既然如此，不如左手握住缰绳，右手用鞭子来驱赶，马不是跑得更快吗，不然的话，只用缰绳，那马怎么会怕你呢？"

孔子还是坚持说，只要善于使用缰绳，驾驭的技术到家，就没有必要用鞭子来驱赶。

这里的对话是非常有意思的。实际上说的是儒家政治与法家政治的区别：儒家政治主张德治，以道德和礼教约束民众；法家政治主张法治，以政令、刑法驱遣民众。德治侧重于心，法治侧重于身。而卫文子的看法，则是德治、法治兼用，儒、法并行。如果我们从实际出发，考察历史和现实，显然还是卫文子的主张比较行得通一些。

只是孔子针对当时法家的"法治"路线，提出了"为政以德""道之以德，齐之以礼"的"礼治"路线，强调道德教化的作用。

孔子认为"道之以政，齐之以刑，民免而无耻"，行政命令、刑法这些强制性的手段只能起一时的震慑作用，老百姓不会心服。如果用"德治""礼治"的办法，老百姓就会"有耻且格"，服从统治了。孔子特别指出"《诗》三百，一言以蔽之，曰：'思无邪'"。因为《诗经》语言温柔敦厚，哀而不伤，乐而不淫，所以孔子十分重视"诗教"。出于政治的需要，《诗经》往往被断章取义，比附上许多道德观念。"思无邪"就是要"思想不邪恶"，不违背周礼。

统治者要"为政以德"，首先要自己具备良好的品德素质，礼贤下士，谦恭有礼，与下属同甘共苦，自然会得到老百姓的尊重和爱戴，同时也树立了良好的榜样。

正如艾森豪威尔所说："士兵们都想见见指挥作战的人，他们对轻视或不关心他们的指挥官表示反感。士兵们总是相互传播指挥官走访他们的情形，即使是短暂的走访，也看作是对他们的关心。"领导者应该放下架子，走到群众中去。

企业领导者良好的道德素质也能树立良好的企业形象。

1993年11月16日，广西北海金城实业有限公司总裁德籍华人哈里驾车与公司三名职员经过八宝村时，有人拦车，说有个孩子被歹徒绑架，要求帮助。一名职员提醒哈里，这种事最好不要管。哈里说，这种事不能不管。于是，他调转车头，追上去扭住了两个歹徒，救了孩子，并将歹徒扭送公安部门。事情传开，记者竞相采访。哈里说："一个人如果没有人情味儿，即使钱赚得再多，活着也没意思。"他计划拿出20万元作为社会治安基金，专门用来奖励见义勇为者。哈里的事迹在新闻媒介的宣传下广泛传播开来，一个关心社会问题、见义勇为的企业家的美好形象，很快在社会公众中建立起来，其企业也随之增光添彩，大大提高了知名度。

哈里解救遭绑架的孩子，是当代企业家做人的本分，却为其企业产生了公关效应，这与那种精心策划着塑造形象的募捐、义演，其境界不知要高出多少。

"撕掉"一纸文凭，让有能力者居上

【原文】 子曰："临之以庄，则敬；孝慈，则忠；举善而教不能，则劝。"

【大意】 孔子说："执政者在老百姓面前庄重，老百姓就会恭敬；执政者孝顺父母，慈爱幼小，老百姓就会忠诚；执政者提拔好人，教育能力弱的人，老百姓就会勤勉。"（《论语·为政》）

在这句话中，孔子重点强调了一个执政者要以身作则，只有这样，老百姓才会恭敬、忠诚。如果当官的能做到不拘一格提拔好人，让能者居上，就是令老百姓非常敬仰的好官了。

曹操十分重视农业生产，他制定了许多有利于农业生产的政策，如实行屯田制和租调制，也制定了一些法令。

《三国志》记载，曹操行军时，经过麦田。就下令：士卒不能破坏麦田，违反的人要被处死。于是官兵都下马用手扶着麦秆，这样一个接着一个，相互传递着走过麦地，没一个敢践踏麦子的。可是行军的士卒惊起了田里野鸟儿，鸟儿扑棱着翅膀飞走时，惊吓了曹操的马。他的马受惊后一下子蹿入田地，踏坏了一片麦田。曹操立即叫来随行的官员，要求治自己践踏麦田的罪行。官员说："怎么能给丞相治罪呢？"

曹操说："我亲口说的话都不遵守，还会有谁心甘情愿地遵守呢？一个不守信用的人，怎么能统领成千上万的士兵呢？"随即抽出腰间的佩剑要自刎，众人连忙拦住。

这时，大臣郭嘉走上前说："古书《春秋》上说，法不加于尊。丞相统领大军，重任在身，怎么能自杀呢？"

于是，他就用剑割断自己的头发说："那么，我就割掉头发代替我的头吧。"

曹操又派人传令三军：丞相践踏麦田，本该斩首示众，因为肩负重任，所以割掉头发替罪。

领导者都严于律己，以身作则，维护法纪，那么普通将士就不用说了。而这样的事，不仅仅发生在古代。

巴顿将军是美国陆军四星上将，是第二次世界大战中著名的军事统帅。有一次，当巴顿将军带领他的部队行进的时候，汽车陷入了深泥潭。巴顿将军喊道："你们这帮混蛋赶快下车，把车推出来。"

所有的人都下了车，按照命令开始推车。在大家的努力下，车终于被推了出来。当一个士兵正准备抹去自己脸上的泥污时，惊讶地发现身边那个弄得浑身都是泥污的人竟然是巴顿将军！

此后，这个士兵一直都将这件事记在心里。直到巴顿去世，在将军的葬礼上，这个士兵对巴顿的遗孀才说起了这件事，这个士兵最后说："是的，夫人，我们一直都敬佩他！"

管理学上有这样一句话："成功的领导，在于99%的领导者个人所展现的威信和魅力与1%的权力行使。"而这种威信和魅力，正是来自于领导自身的行为，他们用自身的行动去说服员工。领导是"领"，更要会"导"。

勇于承担责任

【原文】朋友死,无所归,曰:"于我殡。"(《论语·乡党》)

【大意】朋友死了,没有人收殓,孔子说:"由我来料理丧事。"

在《论语·里仁》篇里,孔子曾说:"君子对于天下的事,无可无不可,只要是符合正义就行。"而孔子所行也是这样,符合正义,勇于承担。

在当今社会,更需要这样勇于承担的人。这样的人,总是闪耀着耀眼的光芒。

2003年,非典肆虐。我国医疗界,涌现出一大批可歌可泣的英雄人物,他们在这样的危险时期,冲在第一线。

钟南山,这位屡创医学奇迹的呼吸病专家,这位在天冷时要把听诊器焐热了才给病人诊听的仁爱长者,当致命的疫病袭来时,毅然挑起重担,站到了抗击病魔的第一线。当有关部门宣布"非典"疫情得到有效控制的时候,钟院士站出来说:"疫情是得到有效遏制而不是控制,本身的病原搞不清楚,传播途径搞不清楚,疫情怎么能得到有效控制呢?现在病情是得到了很大程度的遏制。"而当民众谈"非"色变时,钟南山又一直呼吁大家用正确的态度来对待。作为一名中国工程院的院士,从接触第一例非典病例开始,67岁的钟南山就以一个具有高度责任感的战士形象出现在民众和媒体面前。

2003年,军队医学专家、解放军302医院原专家组成员姜素椿已经74岁了,因年事已高,而且曾因癌症做过手术,医院领导要求他只在病房外坐镇指导抗击"非典"。然而,姜素椿感到问题严重,情况危急,仍出现在了治疗现场。他以高度的责任感,始终站在抗击"非典"的第一线。在那些日子里，人们在病房、手术室总能看到这位老专家忙碌的身影。他连续参加对患者的诊断、治疗总结，经常忙得顾不上吃饭和睡觉。然而，由于体力严重透支，他终于被感染了。姜素椿建议，立即到广州采集"非典"康复后患者的血清，在自己身上进行试验。大家清楚，输注任何血制品都有一定的风险，是试验就有失败的可能。但在无私无畏的姜素椿的执意要求下，经医院紧急论证，于3月22日，在姜素椿身上注射了这种血清。同时配合其他药物进行治疗。姜素椿患病23天，奇迹般康复出院了，然后他又回到工作岗位，为攻克防治"非典"难题做贡献。

2003年3月24日凌晨，在玉兰花开的时节，因抢救"非典"病人而不幸染病的广东省中医院护士长叶欣殉职，终年46岁。生前，她留下了一句令人刻骨铭心的话："这里危险，让我来。"

2008年5月12日，汶川地震。这是中华人民共和国成立以来破坏力最大的地震，也是唐山大地震后伤亡最严重的一次地震。也是这次地震，留给我们的除了无尽的悲伤，还有无数感动中国的人物。

德阳市东汽中学教师谭千秋，在地震发生的一瞬间，双臂张开趴在课桌上，身下死死地护着4个学生。救援人员发现的时候，他身下护着的四个学生都活了，而谭老师，留给我们的只是那个张开双臂的永远的姿态。

绵竹市遵道镇欢欢幼儿园瞿万容老师，救援队发现他时，他的后背牢牢地挡住了垮塌的水泥板，怀里还紧紧抱着一名小孩。小孩获救了，但瞿老师却再也无法醒过来。

汶川地震发生的瞬间，正在上课的龙居小学教师刘继军从容面对，沉着指挥，使全班80%的学生得以安全撤离。在最后几个孩子快要离开教室时，房屋开始螺旋式垮塌。情急中，刘继军将3个学生搂入怀中，奋力向外冲去。可就在这时，整栋教学楼轰然倒下，刘继军和几个学生被压在了废墟下。经同事和学生们的抢救，3个被刘继军以身护卫的学生得救了，可刘继军却永远离开了他热爱的学生们，离开了他深爱的妻子和女儿。

无数先贤圣人的思想，积淀了华夏文化的深度；无数可歌可泣的英雄，铸就了中华民族的脊梁。这些活生生的面孔，他们的所作所为，比"于我殡"要厚重得多。

和谐是一种境界

【原文】 子曰:"恭而无礼则劳,慎而无礼则葸,勇而无礼则乱,直而无礼则绞。"(《论语·泰伯》)

【大意】 孔子说:"恭敬而不符合礼就会劳倦,谨慎而不符合礼就会畏缩,勇敢而不符合礼就会作乱,直率而不符合礼就会尖刻伤人。"

礼本来指的是区别尊卑贵贱的等级制度及与之相应的礼节仪式。但礼的根本目的又在于起中和作用,也就是要达到和谐的境界。这样就造成了礼与和之间既相矛盾又相统一的辩证关系。按照儒家的礼治观点,就是要人们在遵守礼法的前提下和睦相处。所以,一方面是"礼之用,和为贵","和"是目的;另一方面,一味地为和而和,不以礼来进行约束,不讲原则,也是不行的。这就是和与礼的辩证法。

礼作为一种广义的交往形式和规范,其原则首先表现为"和",所谓"和",一方面,主要是化解主体间的紧张与冲突;另一方面,"和"则指通过彼此的理解与沟通,达到同心同德、协力合作的目的。孔子所崇尚的人生意境是一种和谐的意境,因而也是一种美的意境,用于处理人际关系,也就是既要团结,家和万事兴,和气生财,又要坚持原则,不能搞庸俗的一团和气,吹吹拍拍。

人生万象总是在矛盾中谋求调和与融通,而不是对立与分割。有的人满口歌颂自然人生的美,努力忘记一切缺陷与丑恶;有的人却用显微镜来观察人生的瑕疵,仿佛世上只有虚伪、残酷、麻木,忘记了鸟歌虫吟。现代生活需要的不是对立,我们更应该扩大自己的胸襟和容人之量,不要以狭隘的眼光去概括事物,或者只一味地唱高调,歌功颂德,或者一味地唱反调，揭疮疤。应该真正地跑到生活里面，把一切事都用宽大通达的眼光来细细打量一番，感受生命的和谐与美。

在企业的经营原则中，很重要的一条就是"和"。企业家仿佛管弦乐队的指挥，他把所有演奏者集中在一起，根据他们的专长，发挥各种乐器的特点，指挥他们奏出优美动听、和谐的旋律来。企业的成功需要的是每个员工的通力合作，企业要充分调动和发挥每一个职工的专长，只有团结一心，才能有洋溢着活力的、富有韧性和刚性的集体。日本丰田公司的经营者十分注重采用各种方式调动职工的积极性，他们提出要"发扬温情友爱精神，形成家庭式的和谐风尚"。丰田公司给年满20岁、购买本公司汽车的职工以八折优惠；实在有困难的，公司提供无息购车专用贷款。丰田公司还为职工提供租金低廉的宿舍，解决职工的住房问题。丰田的经营者们还经常参加公司的各项活动，制造一种"劳资和睦"的气氛。这些措施使职工对企业产生忠诚心和归属意识，自觉地把自己的命运和企业的命运联结在一起。

第九章 以德服人，以礼待人——孔子做官的学问与现代企业管理

适度宽容你的下属

【原文】子曰:"居上不宽,为礼不敬,临丧不哀,吾何以观之哉?"(《论语·八佾》)

【大意】孔子说:"做领导不宽容,行礼仪不严肃认真,遭遇丧事的时候不悲哀,我用什么来观察这种人呢?"

作为一个领导,没有什么值得观察,当然也就是被否定的对象了。这里最值得我们重视的是"居上不宽"的问题。在另外的地方,孔子曾反复从正面说:"宽则得众。"(《论语·阳货》《论语·尧曰》)宽容就能得到群众拥护,并把"宽"作为"仁"的五个方面之一。

荷裔美国作家亨德里克·房龙曾写过一本有世界影响的名著《宽容》,他把宽容作为人类文明进步的重要标志。

如果说,宽容对于一般人来说都非常重要的话,那么,对于居于上位的人来说,就更应该是一种必须具备的素质了。所谓"水至清则无鱼,人至察则无徒"。水太清澈了,就没有鱼儿能够在里面生存了;人太明察,太苛刻了,像眼睛里容不得一粒沙子一样,那是没有人愿意跟随你的。俗话说:"金无足赤,人无完人。"其实也是说的这个道理。在中国历史上,有许多"宽则得众"的著名典故和故事,诸如楚庄王绝缨尽欢,孟尝君不杀与自己夫人通奸的门客,汉高祖重用陈平,曹操下《求贤令》选拔那些虽然有这样那样缺点但确有才干的人,唐太宗不追究得罪自己的郭子仪的儿子,宋太祖宽容受贿的宰相赵普,宋太宗宽容酒醉的功臣孔守正和王荣,如此等等,不一而足。而与此相反,因"居上不宽"而自食其果的例子也同样是不胜枚举。

因此可以说"居上不宽"是领导者的致命伤，而宽容的肚量则是作为一个领导者的起码要求。越是进入民主的时代，这一点就越发突出。这是所有领导者或想做领导者的人必须牢牢记在心上的信条。

如果你的下属犯了错，请不要轻易指责他，一定要保持适度的宽容。

你是否是一个成功的领导者，这与你在多大程度上可以容忍员工的不足有关。你是否可以对他们的微小错误视而不见？当员工违背了你一直保持的做事标准时，你是否应当给予惩罚？你是否应当提醒员工注意他们的错误？面对这些问题，虽然你很想装着视而不见，但又担心员工趁机利用这一点，并使错误继续蔓延。然而，如果你时时给予关注和处理，又担心他们视你为多事之人，把你当作一个不顾及员工的感受而处处刁难的完美主义者。这时你应当站在员工的一边，对他的缺点和不足表示容忍和理解，这是一个管理者的重要品质。绝不要动辄实施惩罚，或者制造一种令人惊恐的气氛。如果员工出现某一错误时，他们不用担心自己即将遭受处罚，那他们势必会更好地工作。员工在对管理者做出评判时，宽容型的管理者似乎更令他们接受。在许多公司里，当员工出现某一问题时，事后的调查与追究是较普遍的一种做法。实际上，对于员工的错误，最好是从中总结更多的教训而不是过分追究。如果偶尔发生下面的事情，你应该宽容处之：

①员工某一天迟到；

②当你认为员工应当告诉你某一事情时，他们却没有；

③某位员工丢失了一份重要的文件；

④某一员工向顾客提供了一个错误信息；

⑤员工没有积极主动地解决某一问题；

⑥员工忘记了某一事情或违反了某一规则；

⑦员工不顾制度而自行其是；

⑧员工做错了某一事情；

⑨员工无意得罪了你。

当然，宽容也得有个限度。如果某位员工已经把"偶然"变"经常"地未能满足你的标准和要求，并且最终发生大的损失时，你作为管理者，应当完全介入，并且采取相应的措施。

作为管理者，你的作用就是要保证事先制定的标准得以实现，并且以一种令人接受的方式去解决那些偏离标准的行为。如果你将自己视为一个评判他人行为的法官，让自己不断评价他人，那你将会与员工逐渐疏远。你应该充当员工的一名顾问，让他们对自己的行为和结果做出令人接受的判断。

当我们与员工一起工作时，关键是要找到大家各自价值的最大共同点。当今时代，你不可能迫使员工去改变那些令你无法角逐的东西，你只能制定一种制度和程序，让员工根据你对他们的工作需要而自我检查其价值和行为。保持适度的宽容和容忍，也使得你在工作中能与员工融洽相处，在下指令完成任务时，员工也能欣然接受，并尽最大努力来完成。

与属下患难与共，同甘共苦

【原文】子路问政。子曰:"先之劳之。"请益。曰:"无倦。"(《论语·子路》)

【大意】子路问怎样治理政事。孔子说:"以身作则，吃苦耐劳。"子路请求再多讲一点儿。孔子说:"不要倦怠。"

孔子的言论体现的是勤政爱民的思想。

"先之"是爱民。如范仲淹的名句所说:"先天下之忧而忧，后天下之乐而乐!"凡事都以身作则，身先士卒。做到了这一点，就能做到不令而行，使自己成为老百姓的表率。

"劳之"是勤政。兢兢业业，吃苦耐劳，鞠躬尽瘁，死而后已。这些都是"劳之"的形象。

治理国家大事是这样，做一个单位乃至一个部门或者一个企业的领导也是这样。做到了"先之劳之"，也就是一个好领导、好干部了。

事实上，真正能够让下属拥戴的领导绝不是高高在上、"只闻其声不见其人"的领导，而是那些能同员工同甘共苦、共同奋斗的领导。

纵观商业史上众多企业巨头的发家史，我们不难发现其中很多人在创业初期都是靠两三个部下、一间小屋、几个人同心协力，同甘共苦，最终才成就一番的事业。

他们的成功靠的就是与部下同甘共苦，患难与共。这种情况下，上下的心往一块想，力往一处使，还有什么困难克服不了呢? 又有什么使他们不成功呢?

其实，与人共患难并不是一件困难事，因为危难情况下，共渡难关、同舟共济往往是唯一选择。但困难的是危难之后，苦尽甘来，仍能与部下共享安乐的却并不多见。

春秋时，晋文公重耳即位之前深得介子推的帮助。他即位之后就论功行赏，功大的封邑，功小的晋爵，各得其所。介子推不愿受封，重耳仍把绵上封为介子推的祭田。众臣此后更加竭力相报，终于帮助他打败楚国。

以史为鉴可以知兴衰，作为一名领导者，身处逆境时与部下共渡难关，时来运转时千万不可独自居功，尽享成果，唯有如此才能赢得威望，得到部下的拥戴，共创公司之大业。

那么，作为领导者又怎样才能算是同部下患难与共、同甘共苦呢？答案有两个方面。

（1）逆境中，与部下同心协力。

哪个公司都有经营困难之时，哪个领导也都有身处逆境之日。这时，一个出色的领导应做一个好的舵手，看准方向，动员所有部下共同努力，充满自信地面对困难，千万别端着架子，指使别人。危船上你也要尽一份力，否则旗倒船翻，你自己也要掉进海里。

（2）功成名就，莫忘难兄难弟。

当时来运转、功成名就之时，千万不能翻脸不认人，即所谓过河拆桥、忘恩负义。这样的领导最为人所不齿，谁愿意自己拼命保全的竟是一个忘恩负义的小人呢？一旦领导的魅力丧失殆尽，并且背上不义的骂名，难兄难弟就不会再为你效力，新来的人也会望风而逃。

而这时最好的做法是不妨谋求双赢，让下属分享你的成果，使其自身的满足感和成就感得以实现。切不可排斥有功部下，落得骂名。

公司的发展壮大离不开领导与部下的共同努力，携手合作。而患难与共之中形成的上下关系才是最牢固的。身为领导，一定要做到与部下同甘共苦，安不忘危，才能使事业蒸蒸日上，也才能让下属更加拥戴你。

尊五美，摒四恶

【原文】子张问于孔子曰："何如斯可以从政矣？"子曰："尊五美，屏四恶，斯可以从政矣。"子张曰："何谓五美？"子曰："君子惠而不费，劳而不怨，欲而不贪，泰而不骄，威而不猛。"子张曰："何谓惠而不费？"子曰："因民之所利而利之，斯不亦惠而不费乎？择可劳而劳之，又谁怨？欲仁而得仁，又焉贪？君子无众寡，无小大，无敢慢，斯不亦泰而不骄乎？君子正其衣冠，尊其瞻视，俨然人望而畏之，斯不亦威而不猛乎？"子张曰："何谓四恶？"子曰："不教而杀谓之虐；不戒视成谓之暴；慢令致期谓之贼；犹之与人也，出纳之吝谓之有司。"（《论语·尧曰》）

【大意】子张向孔子问道："怎样做就可以从政了呢？"孔子说："尊崇五美，摒除四恶，就可以从政了。"子张问："什么叫五美？"孔子说："君子给人以恩惠自己却不需什么耗费；役使老百姓，老百姓却没有怨恨；有欲望却不贪心；泰然自若却不骄傲；威严却不凶猛。"子张又问："什么叫给人以恩惠自己却不需什么耗费？"孔子说："借人民能够得利的事情而使他们得利，这不就是给人以恩惠自己却不需什么耗费吗？选择可以役使老百姓的时候去役使，谁会怨恨呢？想得仁便得到了仁，又有什么贪心呢？君子无论人多人少，势力大小，从不敢怠慢，这不就是泰然自若却不骄傲吗？君子衣冠整齐，目不斜视，庄重得让人望而生畏，这不就是威严却不凶猛吗？"子张又问："什么叫四恶？"孔子说："不先教育就杀戮叫作虐；不先告诫而要求立即成功叫作暴；政令松懈而限期紧迫叫作贼；用给人东西作比，出手吝啬叫作小气。"

尊五美，除四恶。不仅对于从政，就是对于平常做人也是有教育意义的。

所谓"身在公门好修行"。这其实就蕴涵了"惠而不费"的意思在内。政府的一项好政策出台，取之于民，用之于民，而不需要耗费政府的财力和物力，这样的事情的确是有的。比如说"为市民办实事"的问题，很多实事，其实就在于当政者能不能想到，而不在于需要什么耗费的问题。这种"惠而不费"，在个人生活中也是有的，所谓"助人为乐"，其实，严格意义上的助人为乐就是一个"惠而不费"的问题。帮帮朋友的忙，替人带带东西、捎捎信，或者替外地人指指路，等等，都是于人有利而于己无害的事情，这不是"惠而不费"又是什么呢？真要惠而"有"费，把自己的贵重东西送给人家，别人还不见得会接受呢。所以，应该大力提倡的是"惠而不费"的风尚。无论在不在"公门"，这种风尚都是可以身体力行的。

"劳而不怨"其实就是我们平常说的任劳任怨。任劳容易任怨难，这是大家都有的经验。所以，做一个领导者能让人任劳任怨是很不简单的，尤其是做一个基层领导，能使手下人都高高兴兴地工作，任劳任怨，那可真得要有两下子。当然，做高级领导人而能够让更多的人都任劳任怨，那就更是难上加难了。

如果说"惠而不费""劳而不怨"都还侧重于领导水平的方面，那么，"欲而不贪""泰而不骄""威而不猛"却涉及领导者的个人修养和素质了。

"欲而不贪"是说有欲望但不贪婪。以我们这个时代而论，"君子爱财，取之有道"。该拿的钱还是要拿的，但不能贪污受贿，利用职权谋私利。"泰而不骄"是说既要保持不忧不惧的心态，心平气和，遇事泰然自若，又不要装模作样，色厉内荏，给人以盛气凌人的感觉。至于"威而不猛"，则是说一个人既要有威严，要让人畏服，但又不能给人以凶猛可怕的印象。有了这种印象，人家一看见你就躲得远远的，你还怎么去领导他呢？

五美有了，领导者的形象也就树立起来了。相应的，还要去掉一些坏毛病，这就是"四恶"的问题了。

一恶"不教而杀"。所谓"杀"，照我们的理解，倒不一定真要动刀子，判死刑，而是说处罚惩戒。对于部下也好，对于民众也好，不加以教育引导而只知一味惩处，那这领导是绝对做不长的了。莫说做领导，就是做家长，"不教而杀"，或者说不教而惩罚，那也是要父子反目成仇的。所以，这是一个领导者绝对应摒除的毛病。

二恶"不戒视成"。事先不告诫，不指导，而只管要部下做出成绩来，这是一个粗暴的领导者形象。

三恶"慢令致期"。领导者自己要求不严格，却又要求人家如期完成任务，这不是害人家吗？这也不是一个好干部应有的作风。

四恶"出纳之吝"。做领导的一定要大人大量，有魄力，有决断，切忌像个小管家一样，小气吝啬，成不了大事。

五美有了，四恶除了，从政做官也就游刃有余、进退自如了。

儒学的政治学的确是实用的政治学，仅从本章我们也可见一斑了。

第九章　以德服人，以礼待人——孔子做官的学问与现代企业管理

第十章　读书要掌握方法
——孔子的教育思想与学习的法门

学海无涯苦作舟。难道学习就只有与苦做伴，才能学有所成？

对于这一点，大教育家、最勤也是最善于学习的孔子显然是不大认同的。否则，他就不会在《论语》中苦口婆心地大量阐述学习的方法了，直接说个"苦学"不就完了吗？

孔子的教育思想是提倡"乐之者"的，他建议人们把学习当成爱好，深入其中，并为此提出了许多方法，通过学习这些方法，我们或许就能摆脱人为的"苦海"。

温故而知新，可以为师矣

【原文】子曰："温故而知新，可以为师矣。"（《论语·为政》）

【大意】孔子说："温习旧知识而能够获得新知识，就可以做别人的老师了。"

"学而时习之，不亦说乎？"

"说"的是什么？

就是"温故而知新"。

鲁昭公十九年（公元前523年）孔子赴临城，拜师襄子为师，请教有关弹琴的学问。

师襄是鲁国的乐官，在音乐理论上有很深的造诣，闻名于诸侯。他听说孔子来访，忙迎出大门，让于客室，以上宾之礼接待。

两人见面，很快就转到了学琴的话题。师襄是个热心人，推心置腹，开言吐语，滔滔不绝。师襄子弹奏了一曲，孔子在一旁静听，感到此曲非同凡响，是他闻所未闻的，那指法、技巧也脱俗超群，出神入化。师襄子弹完，将孔子引入后轩中，让孔子习琴。

孔子一连三日，练习师襄所教的曲子，没有再学习新的内容。师襄子听孔子曲调已经弹熟就说："此曲你已弹熟，可以再学新曲了。"孔子说："此曲虽已练熟，然技巧尚未纯熟，我还要继续练习。"

又是三天过去了，师襄子听着后轩中孔子的琴声技巧纯熟，音调和谐，韵味无穷，不断点头赞赏。他夸孔子弹奏得胜过高明的琴师，说："所有技巧你已经掌握了，可以学习新的内容了。"孔子回答说："我的指法、技巧虽已练熟，但尚未领会此曲的志趣神韵，更未体察到曲作者的为人，未想象出其风貌特征。我还要继续练习！"

孔子习琴的第十天，师襄子站在一旁听得如醉如痴。琴声把他带进了浩瀚的大海。大海的胸怀是那样宽广博大，神情是那样深邃，内涵是那样丰富，性格是那样富于变化。琴声把他带到了春天的花园，叶绿了，花开了，鸟儿在高唱，水在低吟，游人在欢笑，一切是那样的静谧，那样的和谐。

孔子在弹奏中，由于受到乐曲的感染，有时进入深沉的思考境界，有时感到心旷神怡，胸襟开阔。他激动地说："我在操琴，弹着弹着，就体察到作曲者的为人了。那个人肤色黝黑，身材魁梧，眼光明亮，他高瞻远瞩，性情温柔敦厚，好像有着统治天下的帝王气魄。除了文王，谁还能创作出这样的乐曲呢！"师襄子闻言，连忙从坐席上站起来，向孔子施礼说道："我的老师传授此曲时，正说此曲为文王所作，名《文王操》。"

孔子学琴如此，读书更是这样。

春秋时期的书，主要是以竹子或木板为材料制造的，把竹子或木板破成一根根竹签或木签，称为"简"，用火烘干后在上面写字。一根简上，多则能写几十个字，少则只写八九个字。一部书要用许多简，为了便于阅读，需要用牢固的绳子之类的东西按次序把简编连起来才最后成书。通常，用丝线编连的叫"丝编"，用麻绳编连的叫"绳编"，用熟牛皮绳编连的叫"韦编"。像《易》这样厚重的书，大多是由许许多多的简通过熟牛皮绳编连起来的。

孔子"晚年喜《易》"，花了很大的精力，反反复复把《易》读了许多遍，又附注了许多内容。孔子这样读来读去，不知翻开来又卷回去多少遍，把编连竹简的牛皮绳也给磨断了几次，不得不多次换上新的再使用。即使读书读到了这样的地步，孔子还谦虚地说："假如让我多活几年，我就可以完全掌握《易》的文与质了。"

"温故而知新"是一种反复研读、多方琢磨的过程。"读书百遍，其义自现"，好的书都经得起咀嚼，每咀嚼一回，就又悟出些真味儿，自己见解愈深，学问愈进。愈读得出味道来。因而有位评论家说："少年时读塞万提斯的《堂吉诃德》会发笑，中年时读了会思想，老年时读了却想哭。"

第十章 读书要掌握方法——孔子的教育思想与学习的法门

好的书是需要反复读的,英国桂冠诗人丹尼生每天研究《圣经》;大文豪托尔斯泰把《新约福音》读了又读,最后可以长篇背诵下来;马克·吐温旅行时必带一本厚厚的《韦氏大辞典》;白朗宁每天翻阅辞典,从辞典里面获得乐趣和启示……

　　历史没有完全的翻版,经验更不能百试百灵。"温故"不是一味重复,而是要"知新",这样就"可以为师矣"。

勤于思考，学而不思则罔

【原文】 子曰："学而不思则罔，思而不学则殆。"（《论语·为政》）

【大意】 孔子说："只学习不思考就会迷惘，只思考不学习就会疑惑。"

孔子所说的这两句话阐明了学习和思考的关系，只学不思或只思不学都容易陷入迷惑而无所获。

只学习不思考是读死书的书呆子，只空想不学习是陷入玄虚的空想家。书呆子迂腐而无所作为，空想家浮躁不安而胡作非为，甚至有精神分裂的危险。所以，儒者主张既要读书又要思考。

街亭之战是三国时期诸葛亮北伐中的一场战事，发生于诸葛亮第一次北伐期间，也是这次北伐战争中一场决定性战事。

魏太和二年（公元228年）春，诸葛亮率军攻打曹魏，声称由斜谷道攻取郿县，并派赵云、邓芝为疑军，据箕谷，令曹真前去防守郿县；诸葛亮则亲率诸军进攻祁山，发动第一次北伐。诸葛亮北伐令天水、南安和安定三郡叛魏响应，关中震动，震惊曹魏，魏明帝更亲自到长安督战，并派张郃抗击进攻祁山的诸葛亮。

诸葛亮攻祁山时，众人都建议用旧将魏延、吴懿等人为先锋，但诸葛亮认为马谡才气过人，好论军计，定能完成这个任务，于是命参军马谡领导诸军，于军事重地街亭防御曹魏将领张郃的进攻。马谡在街亭违反诸葛亮的计策，偏要舍弃水源，选择登上南山据守而非占据山下的城镇。裨将军王平曾多番规劝，但马谡都不接纳，后王平带领五千士卒于山西安营。张郃到后，包围山上，又断绝山上蜀军的水源，然后大举进击，大破蜀军。蜀军四散，溃不成军。王平此时命自己所领的军队鸣鼓自守，张郃怀疑有伏兵，不敢进逼，王平得以有时间收拾残军，并率领败军撤回。马谡失守街亭后，诸葛亮失去重要据点，进退无据，无法再战，于是撤回汉中。后马谡与将领李盛、张休等人被处死。

马谡其人，确实有才，否则也不能为诸葛亮所器重，每次接见谈论，从白天到黑夜。但是死读书不思考，纸上谈兵不懂得因时因事变化，必将吃下失败的苦果。

明代人陈鎏说："读书须知出入法：始当求所以入，终当术所以出。见得亲切，此是入书法；用得透脱，此是出书法。"

学是入书，思是出书。出入有道，学业可成。

爱因斯坦在总结自己的成功经验时说，学习知识要善于思考、思考、再思考。他创立狭义相对论，据说就经过了10年的沉思。只是学习，没有思考，没有消化、整理、提高，只能是杂乱无章的知识的堆积，不可能形成实际的效力。

书是前人经验的总结，读书是汲取前人经验的过程，但不能自己囫囵吞枣、生吞活剥。书籍和经验也是前人智慧的结晶，亦不能置之不理，一味蛮干。会读书也要会思考，也就是我们前面提到的既要进得去，也要出得来。

不知为不知，敢于说不知道

【原文】 子曰："由，诲汝知之乎！知之为知之，不知为不知，是知也。"（《论语·为政》）

【大意】 孔子说："子由，我教你怎样才叫懂得！懂得了就是懂得了，没有懂就是没有懂，这才是真懂。"

求知最忌自欺欺人，不懂装懂。

人们时常讽刺那种只会说"YES"的人，把他们当作不懂装懂的典型形象。而实际上，生活中这样的人到处都是，充斥于各行各业。

如果只是读书求知，这种人只不过是害己而已，没有什么大碍。但如果让这种人从政治国，那可就不是害己的问题了，小则害己害人，大则亡国。

所以，我们绝不要低估了不懂装懂的危害。因为它完全可能由一种个人品质而发展成为一种社会公害，遗患无穷。

世界著名物理学家、获诺贝尔物理学奖的美籍华人丁肇中在接受中央电视台《东方之子》采访时，曾对很多问题都表示"不知道"。据说他在为南航师生作学术报告时，面对同学提问又是"三问三不知"："您觉得人类在太空能找到暗物质和反物质吗？""不知道。""您觉得您从事的科学实验有什么经济价值吗？""不知道。""您能不能谈谈物理学未来20年的发展方向？""不知道。"三问三不知！这让在场的所有同学都感到意外，但不久丁肇中就赢得全场热烈的掌声。也许，一些人在说"不知道"时往往被看作是孤陋寡闻和无知的表现，但丁先生的"不知道"却体现着一种做人的谦逊和科学家治学的严谨态度，不禁令人肃然起敬。

"知之为知之,不知为不知,是知也。"学问愈深,未知愈重;越是学识渊博,越要虚怀若谷。作为专家、学者,对不知道的东西,我们不仅应当老实地承认"不知道",而且要敢于说"不知道"。美国现代物理学家费曼认为,科学家总是与疑难和不确定性打交道的。当一个科学家不知道一个问题的答案时,他就是不知道;当他有了大概的猜测时,他的答案也是具有不确定性的;即使他对自己的答案胸有成竹时,他也会对质疑留有余地。对科学家来说,承认自己的无知,使自己的结论留有被质疑的余地,是科学发展所必需的。学者只有秉持这样的科学态度,才能不断地"格物致知",获得新认识,达到新境界。常言所谓"一事不知,学者之耻",其本意正是在于策励学者们不断求索,不断进取。孔子曾云:"吾有知乎哉?无知也。有鄙夫问于我,空空如也。我叩其两端而竭焉。"即使是在专业领域内,那种自诩或表现为无所不知的"专家",其学识和人品也都是值得怀疑的。

对于那些问题,丁教授这位诺贝尔奖得主却选择了最老实、最坦诚的回答方式,而且表情自然、诚恳,没有明知不说的矫揉造作,没有故弄玄虚,也绝没有"卖关子"。坦言不知道,不但无损于他的科学家形象,更凸显了他严谨的科学态度,令人肃然起敬。

与丁肇中"三问三不知"相似的还有著名男高音歌唱家帕瓦罗蒂在一个大型演唱会上的表现,他演唱刚到高潮之际,却突然停顿。举座哗然,连乐队都停了下来。帕瓦罗蒂坦诚地说自己忘记歌词了,请求大家原谅,希望大家再给他一次表演机会。在一阵沉寂后,全场爆发出热烈的掌声。事后,有人告诉帕瓦罗蒂:"你完全可以做做口型,而不必承认自己忘了词。相信观众肯定会认为是麦克风坏了而丝毫不会怀疑到你身上。"帕瓦罗蒂微微一笑:"如果还有下次,我同样会认错。因为事实早晚会被人知道,那对我的声誉影响会更大。"

人非圣贤,不可能生而知之,治学之要,行政之本,就在于实事求是,严肃认真,孜孜以求,来不得半点虚假。对不知道的东西,就不要充当"先知先觉",更不要自认为能"生而知之",也不要觉得自己一旦当了领导就对什么问题都有发言权。这是做学问做官乃至做人的一个最起码的要求。时下有些"专家""学者",总喜欢对一些自己不甚了解的事情发言,不负责任地乱说一通。结果是"专家意见"并不"专业",让人一头雾水,不知所云,因此有些"专家"在人们心目中的影响力在减弱。与此相对照,让人更觉得作为学术大师的丁肇中"三问三不知",对于学者来说十分可贵,令人警醒。知道就是知道,不知道就是不知道。这种坦然与诚实,不仅是科学家、艺术家和领导干部应该具有的,对于我们普通人来说,也是不可或缺的。

第十章 读书要掌握方法——孔子的教育思想与学习的法门

孔子开课

业精于勤

【原文】 子曰:"我非生而知之者,好古,敏以求之者也。"(《论语·述而》)

【大意】 孔子说:"我不是生来就有知识的人,而是爱好古代文化,勤奋敏捷地去求得它的人。"

孔子曾经这样自诩,说他与常人不同的地方就在于勤奋好学。业精于勤而荒于嬉,行成于思而毁于随。

一个没有抱负的人,很难有所成就,而仅是有抱负,也只是纸上谈兵。无论你想从事什么样的事业,都不要忘记付出努力,勤奋劳作。只知道嬉戏打闹的人是不会有所成就的。

小吴是某大学的学生,对一个大学生来说,小吴的生活的确够忙了。

早上8点,小吴固定到学校上课,一直到傍晚6点离开学校,转往一家补习班担任夜间导师,晚上10点下班回家,然后开始研究当天的股市行情,并把相关资料输入电脑,一直要忙到深夜一两点才上床睡觉。周末假日,小吴也没闲着,几乎都是到建筑工地充当临时油漆工。小吴一个月所赚的钱,加起来在4万元上下,算是很不错的收入了。

而其他的同学大都以玩乐为重,小吴显得很拼命,也比较"社会化"。事实上,他的家境不错,父母足以供养他读书。不过,小吴坚持要自己赚学费、生活费。他说:"年轻要不要努力,完全看自己,至少,我不喜欢浑浑噩噩过日子。"

虽然,一般人都说,学生的职责就是专心把书念好,可小吴不这么想:"我认为应该利用学生生涯提早规划自己未来的蓝图,否则,等到毕业或当完兵之后再来决定，都晚了。"

根据小吴观察，平均有百分之六七十的大学生，对未来几乎都没什么想法，一到毕业的关口就变得很彷徨，到底是念研究生、就业还是出国？即使就业也不知道该走哪一行？总而言之，简直不知该何去何从。"所以，我很早就打定主意，要利用四年大学生涯多体验人生，帮助自己找出兴趣和所长。"

严格说来，小吴还算是一个用功的学生，他并没有为了赚钱而荒废功课，成绩一直维持在中上程度。另外，他同时拥有珠算和心算初段的资格。不过，他强调自己绝非是为了分数而念书，而是完全依照自己的兴趣做选择。在学校里，他最喜欢听一些创业成功的企业人士演讲，认为"听一堂这种课，比听其他课对他谋划未来更管用"。

学企业管理的小吴认为，在学校里念了一大堆理论，但是，课本上的东西都是死的，必须靠自己去活用。他以自己投资股票为例："譬如，投资学上讲了很多种投资组合，如果我不实际去操作，怎么能够明白其中的奥妙呢？"

经过这些体验，小吴说他已经很确定自己以后要做什么，他有信心，将来能交出一张漂亮的成绩单。

即使工作不如预期顺利，也别绝望，你只要顺着心中所想，迟早有一天会找到你的所长。或许，有些人会在你的耳边不断叮咛："你该这样！你该那样！"也有一些人会警告你："你不可以这样！不可以那样！"别管他们，任何值得你去做的，尽管去做，你只要确定一件事：你为什么会待在这里？你是为了自己，而不是为了讨好别人。

自认为是不合适的工作，也不妨试试看，只有在尝试错误中，你才能认清自己到底喜欢什么，不喜欢什么。不论是对的或错的工作，目的只有一个——让你更了解自己。渐渐地你会发现，每次学到的东西，都是在累积你的筹码。

兴趣是最好的老师

【原文】 子曰:"知之者不如好之者,好之者不如乐之者。"(《论语·雍也》)

【大意】 孔子说:"对于学问事业,知道它的人不如喜好它的人,喜好它的人不如以它为乐的人。"

无论是学习还是进德修业等,都具有三种不同的境界:知道——喜好——乐在其中。

"知道"偏重于理性,对象外在于己,你是你,我是我,往往失之交臂,不能把握自如。所以,当需要我们身体力行进行实践的时候,往往难以做到。比如说我们都"知道"锻炼身体有好处,有必要,但要天天早上起来坚持锻炼身体,就不是人人都能做到的了。

"喜好"触及情感,发生兴趣。就像一位熟识的友人,又如他乡遇故知,油然而生亲切之感,但依然是外在于我,相交虽融融,物我两相知。比如说我们很多人都会说自己"喜好"看书,这是确实的,但"喜好"的程度有所不同,大多数人是"好读书,不求甚解",这本浏览浏览,那本翻阅翻阅,觉得有些累了,扔在一边,明天再读,这就是"好之者",甚于"知之者",但还没有进入"乐之者"的境界。

"乐在其中"才是"乐之者"的境界。这种境界有一个最恰如其分的词语来形容,就是"陶醉"。陶醉于其中,以它为赏心乐事,就像亲密爱人一样,达到物我两忘、合二而一的境界。比如颜回,住在"贫民窟"里,用竹篮子打饭,用瓜瓢舀水喝,人们都忍受不了那种贫困,而颜回自己却乐在其中。又比如孔子,发愤起来就忘记了吃饭,高兴起来就忘掉了忧愁，甚至连自己将要老了也不知道。用当今时髦的话来说，这就叫作"太投入"了。

伟大的科学家爱因斯坦说过："兴趣是最好的老师。"这就是说一个人一旦对某事物有了浓厚的兴趣，就会主动去求知、去探索、去实践，并在求知、探索、实践中产生愉快的情绪和体验。

达尔文小时候的学习成绩并不太好，按照他父亲的说法，他"是一个平庸的孩子"。由于酷爱大自然，对动植物怀有特殊的兴趣，他以极大的热情和耐力到野外收集许多风干了的植物和死了的昆虫，把搜集到的贝壳、化石、动植物制成标本。他的小卧室简直成了一个小型博物馆。童年的爱好为他一生的事业奠定了坚实的基础。达尔文能成为世界伟大的生物学家，对人类文明做出巨大贡献，这与他从小的兴趣爱好是分不开的。

亨利·福特的成功亦是源于兴趣爱好。

一天，亨利跟父亲搭火车到8英里外的底特律去。在火车站里，他第一次看到火车头。这个庞然大物，使他感到惊奇，也使他产生了强烈的兴趣。那位好心的列车长，看他那样着迷，就让他进入火车头，并为他开动了车头，满足了亨利的好奇心。他怀着激动的心情，坐在驾驶台上，把汽笛按得嘀嘀响。

他回到家里，兴奋得整夜没有睡着。第二天一早，他瞒着母亲，从厨房里偷来两个水壶，一个壶里放满烧得火红的煤炭，一个壶里装上烧开的水，然后从贮藏室里取来雪橇，把两个水壶放到雪橇上。他一边在地上滑动着雪橇，一边叫着："喂，火车头来了，火车头来了！"他沉浸在欢乐之中，为自己的创作而自豪。亨利在自己的房间里，藏有7种"秘密武器"：钻孔机、锉刀、铁锤、铆钉、锯、螺栓和螺丝帽。

亨利对一切机械都充满了好奇心，他不但研究火车头，还研究手表，想把全天下所有的手表都打开看看。这个"疯狂的破坏者"，引起家里人百般警惕，只要一看见亨利回家，便立刻慌忙地把所有的表全部"坚壁清野"，否则那些昂贵的、装饰华丽的怀表，顷刻便会"五马分尸"。

亨利13岁那年，和父亲搭乘马车一同去邻村。突然，他眼前出现了一个庞然大物，发出巨大的吼声，并喷了亨利一脸蒸汽。这是一辆无轨蒸汽机车，它铁制的前轮很大，像战车一样的履带上绕着粗铁链。前轮上方有个大汽锅，汽锅上横着水槽，上面还有顶棚。后轮比亨利还高，后面还拖着满载着石灰的拖车。亨利对这辆无轨蒸汽机车立刻产生了浓厚的兴趣，他又专心致志地研究起来。

亨利16岁那年，独自来到底特律城，到密歇根车厂当了一名见习生，日薪1.1美元。但在他上班的第六天，就被开除了。因为他不费吹灰之力就修好了那些老资格的工人无法修理的机器，这使那些老资格工人非常恼火。

父亲听说儿子被辞退，就将儿子介绍到朋友开的一家黄铜工厂。可是他干了6个月，又辞职了。因为在这里他已经学不到什么新东西了。

辞职后亨利在底特律的一家船舶修理厂工作。这里的工资每周只有2美元，而房租和伙食费每月就要3.5美元，但可以学到技术，亨利还是决定留下来。为此，他不得不节衣缩食，并且到处打工。

在船舶修理厂工作时，亨利对蒸汽内燃机又产生了极大的兴趣。两年后，亨利把该学到的技术都学到了，再没有什么新鲜东西可学了，他又辞掉了修理厂的工作。

迪尔本制材厂的约翰，买了一台很贵重的蒸汽引擎，但无法启动。这是一台西屋公司出产的移动式蒸汽引擎，它和亨利早年所见的汽车一般大小，在四个车轮上安着圆筒形的汽锅，上面还有烟囱。"亨利，你会弄吧？"约翰说明了来意，用期待的目光望着亨利问道。亨利认真地看着说明，并试着发动，竟然启动了。

约翰提出日薪3美元，请亨利来帮忙。这在迪尔本是很高的待遇了，同时这项工作又很有趣，亨利欣然同意。

3个月后，亨利又辞去了制材厂的工作。这一次不是因为工薪低，而是底特律的工业环境在吸引着他，他要创造自己的业绩，他不会为了高薪而长久地看守着一台机器。他去了西屋公司，担任移动式引擎的示范操作员。在这里，亨利学到了许多蒸汽引擎的知识。

1896年，亨利试制了第一辆内燃引擎四冲程四汽缸式的福特汽车。3

年后，亨利成立了自己的公司，但这家公司很快就倒闭了，因为他只想研究新车而忽视了卖车；然后他又成立了第二家公司，主要产品是赛车，但不久他的资助者就迫使他离开了公司，这家公司以后被改名为凯迪拉克。1903 年，他又创立了福特汽车公司，公司成立仅四年，资产总值就超过百万美元。

可见，培养我们的兴趣与爱好，实际上就是培养自己的能力，当我们的兴趣与爱好越来越浓厚的时候，我们的能力也会得到相应的提高，这对我们日后的成功无疑是一种很好的帮助。

孔子公开课

三人行，必有我师

【原文】 子曰："三人行，必有我师焉。择其善者而从之，其不善者而改之。"（《论语·述而》）

【大意】 孔子说："三人同行，其中一定有可做我老师的。选择他们的优点加以学习，看到他们的缺点，自己就可以改正。"

三人行必有我师。那么，天涯何处无老师？真正好学的人是不拘于专门固定的老师的，随处都可以学习。

教育家孔子是个善于学习的人，他勤思好学，不耻下问。

有一次，孔子和学生们正在赶路，忽然一个小孩子拦住了他们的去路。

原来，这个小孩子在路上用砖瓦石块垒一座"城池"。

孔子叫那个小孩儿让路，而小孩儿却说："这世上只有车绕城而过的，还没有把城池拆了给车让路的。"

孔子想：确实不能把这孩子摆的城池当成玩具。我这样想，可孩子不这样想啊。我倡导礼仪，没想到让孩子给问住了。

孔子十分感慨地对他的学生说："三人行必有我师！这孩子虽小，却懂礼仪，可以做我的老师了。"

每个人身上都有我们值得学习的优点。

前几天被老同学拉进了一个初中聊天群，里面都是很久未见的老同学，大家聊得火热。有同学提议，老同学许久未见，搞个同学聚会吧，还想了一些独特的创意。但是要完成这些创意，得有个电脑高手相助。因为用到的一些软件，并不是常用的办公软件。一个老同学问谁能帮忙做一下，大多数人保持沉默。不是不想帮，而是能力不足，有心无技术，但有一个同学说他可以帮忙做一下。当时我心里多少有点儿不可思议。因为说帮忙的那位同学，学习并不出众，他课余的很多时间都用来打游戏了，总觉得他是一个被网游毁了的现代青年。直到发生这件事，才觉得自己应该重新认识那位同学，也应该重新认识身边的每一个人。

一个数学奇才，可能无法解决很多生活上的问题，一个著名的科学家，可能是个电脑盲。生活在深山里的孩子，他可能不能解决一个相向而行的数学问题，但是他能在深山中能找到最安全、最省时的路径回家。一个渔家的孩子，他可能不能解释鱼群回游的科学原因，但他能知道在什么时间、什么地点逮到这些鱼。

"择其善者而从之"，要善于学习他人的优点，因为"三人行，必有我师"。

学以致用，将知识运用于实践

【原文】 子曰："诵《诗》三百，授之以政，不达；使于四方，不能专对；虽多，亦奚以为？"（《论语·子路》）

【大意】 孔子说："熟读《诗经》三百篇，交给他政事，却不能处理得好；叫他出使外国，又不能独立应对；虽然读得多，又有什么用处呢？"

春秋时代诗与政治、外交活动密切相关，无论是处理政事还是在外事活动中，往往都会引证"诗曰"，随口吟出，而能够切合适用。它并不是要求政治家都成为诗人，更不是要求诗人来做政治家，而是因为诗里面包含了许多丰富的知识，且有表达情感、打动人心和审美、教育等多方面的功能，确实可以在政治、外交等场合起到超乎寻常的作用，尤其是经孔子删订的《诗经》三百篇，更是如孔子所说可以激发感情，可以观察社会，可以交朋友，可以怨刺不平。近可以侍奉父母，远可以侍奉君王，还可以知道不少鸟兽树木的名称。所以，孔子号召"小子何莫夫学《诗》"？（《论语·阳货》）要求学生都要学习《诗经》。

不过，孔子从来都是要求学习为应用而反对读死书的，正如他在《学而》篇里强调的那样："行有余力，则以学文。""学"的目的是为了"行"。如果不能"行"，你书读得再多也是没有用的。相反，只要你能够言谈举止得体，行为方式得当，那就如他的学生子夏所说："虽曰未学，吾必谓之学矣。"（《论语·学而》）

说到底，还是求实务本，学以致用。

科举制从隋朝（一说唐朝）开始实行，直至清光绪三十一年（1905年）举行最后一科进士考试为止，前后经历1300余年，成为世界延续时间最长的选拔人才的办法。科举制度的创立有很多积极的影响。比如改善了用人制度，使拥有才识的读书人有机会进入各级政府任职；促进了教育事业的发展，士人用功读书的风气盛行；促进了文化艺术的发展，进士科重视考诗赋，大大有利于唐诗的繁荣。但是，明清时期，科举考试需采用八股文的形式。八股文作为一种文体，本无好坏之分，但作为考试必须采用的形式，追求严格对仗，类似于骈文，书写难度甚高。另外八股文的题目都是出自"四书五经"，很有局限性。限制文体，又限制内容，使许多读书人只顾读经书，钻研八股，不讲实际学问，满口之乎者也，不通俗务。这样的人，和孔子说的人一样："所多，亦奚以为？"

现实生活中，我们要像阿基米德一样，用学到的知识，解决实际问题。这才是学习的真正意义。

国王做了一顶金王冠，他怀疑工匠用银子偷换了一部分金子，便要阿基米德鉴定皇冠是不是纯金的，但是不能损坏王冠。阿基米德捧着这顶王冠，想了很多天也没有想出办法。有一天，阿基米德去浴室洗澡，他跨入浴桶，随着身子浸入浴桶，一部分水就从桶边溢出，阿基米德看到这个现象，头脑中像闪过一道闪电，他大叫："我找到了！我找到了！"

阿基米德拿一块金块和一块重量相等的银块，分别放入一个盛满水的容器中，发现银块排出的水比金块多很多。于是阿基米德拿了与王冠重量相等的金块，放入盛满水的容器里，测出排出的水量；再把王冠放入盛满水的容器里，看看排出的水量是否一样。在事实面前，两个工匠只好俯首认罪。

能够学好理论并掌握其方法的人，还要重视应用。不能运用所学知识解决实际问题，那等于白学。此种人需积极参加社会实践，向一切有实践经验的人学习，虚心拜他们为老师，尽快地把自己的理论转化为实际运用的能力，方能成为理论与实践相结合的"行家里手"。

能够使用学得的知识，又能够坚持既定的道德标准，规范自己行为的人，可以成为某项事业的核心力量。这种人具有娴熟的技能，又朝着自己认定的目标，执着于事业上的追求，其前途必然光明。